广西广播电视台科研咨询项目"新时代科学理论大众化的电视取径研究"最终成果
团中央宣传部、中国青少年媒体协会委托项目"中国共青团百年新闻宣传活动研究"阶段性成果
国家社科基金重点项目"百年中国共产党青年宣传工作历史经验与新时代青年政治引领研究"部分成果

凡事说理

徐宁刚　万忆

著

新时代电视科学理论节目
的发展创新研究

上海交通大学出版社
SHANGHAI JIAO TONG UNIVERSITY PRESS

内容提要

本书是专门研究电视科学理论节目的专著,以《凡事说理》栏目为研究对象。作为一档创办近10年的科学理论节目,该节目有着一大批固定受众,是广西科学理论传播的金字招牌。本书详细梳理2017年至今栏目的制作情况,从电视性和理论性两个维度深入探究其在电视理论节目上取得的成绩、先进经验和存在的不足,同时与国内其他电视理论节目做横向对比,找出差距,为今后进一步提升节目质量提供策略。本书特点是内容翔实、数据准确,部分内容首次公开出版。本书的读者对象为电视工作者和研究科学理论的相关工作者。

图书在版编目(CIP)数据

凡事说理:新时代电视科学理论节目的发展创新研究/徐宁刚,万忆著. —上海:上海交通大学出版社, 2022.9

ISBN 978-7-313-27278-2

Ⅰ.①凡… Ⅱ.①徐…②万… Ⅲ.①电视节目—研究—中国 Ⅳ.①G222.3

中国版本图书馆 CIP 数据核字(2022)第 148143 号

凡事说理
新时代电视科学理论节目的发展创新研究
FANSHI SHUOLI
XINSHIDAI DIANSHI KEXUE LILUN JIEMU DE FAZHAN CHUANGXIN YANJIU

著　者：徐宁刚　万　忆
出版发行：上海交通大学出版社　　　　　　地　　址：上海市番禺路 951 号
邮政编码：200030　　　　　　　　　　　　电　　话：021-64071208
印　　制：苏州市越洋印刷有限公司　　　　经　　销：全国新华书店
开　　本：710mm×1000mm　1/16　　　　印　　张：14.25
字　　数：209 千字
版　　次：2022 年 9 月第 1 版　　　　　　印　　次：2022 年 9 月第 1 次印刷
书　　号：ISBN 978-7-313-27278-2
定　　价：68.00 元

前　言

　　电视作为主流媒体,是重要的宣传阵地,在科学理论的传播、阐述、解析、大众化上发挥着重要作用。向大众传播最新的科学理论成果,以理性的力量、创新的方式引导受众,是电视媒体责任担当的重要体现。

　　广西广播电视台《凡事说理》栏目以推进科学理论大众化为宗旨,是一档着眼草根民生,运用马克思主义的立场、观点、方法分析问题,解决问题的高端深度访谈节目。自2012年11月开播以来,该节目取得了良好的社会反响。这是利用电视手段深入开展理论宣传工作的一次积极尝试,符合中央理论宣传工作重点,具有重要的现实意义。

　　本书以《凡事说理》栏目为研究对象,详细梳理了2017年至今栏目的制作情况,从电视性和理论性两个维度深入探究其作为电视理论节目所取得的成绩,并总结了先进经验和存在的不足,同时与国内其他电视理论节目做横向对比,找出差距,为今后进一步提升节目质量提供策略。

　　本书特点是内容翔实、数据准确,部分内容首次公开报道。为撰写好书稿,作者仔细阅读、梳理2017年至今《凡事说理》的文稿,掌握了翔实的文本资料;详细记录每周《凡事说理》在广西卫视和广西新闻频道的收视数据,分析节目内容与收视率之间的关系;采用小组访谈法,与《凡事说理》主创人员就大型主题报道策划、节目选题、嘉宾挑选等问题进行深入探讨,得到第一手资料,很多内容是首次见报。

　　本书的读者对象主要有两类。第一类是电视工作者。本书作者均有十余年电视从业经验,实战经验丰富,曾多次荣获中国新闻奖一等奖。撰写书稿时,作者注重实践与理论相结合,不搞曲高和寡,书中既有丰富的案例分析,也有作者的心得体会,使读者看完以后能够对制作科学理论节目有直观认识。第二类是研究科学理论的相关工作者,例如企业党务专员、党政机关工作人员等。《凡事说理》作为一档创办近十年的科学理论节目,有着一大批固定受众,是广西科学理论传播的金字招牌。本书介绍的优秀做法、先进经验对于提升研究科学理论的相关工作者的业务水平有一定帮助。

本书是专门研究电视科学理论节目的专著,在国内,该类型的研究尚少。为全面了解国内电视理论节目,作者对全国的省级电视台科学理论节目进行了梳理,对节目特点、主要内容进行了重点分析;对几档标杆类节目进行实地走访调研,例如东方卫视的《这就是中国》、浙江卫视的《中国共产党为什么能》、江苏卫视的《时代问答》等,与主创人员座谈,了解节目制作流程,参观演播室和机房,最终撰写出高质量的调研报告。这几档栏目得到中央宣传部的表扬,制作水平较高,理论性较强,新媒体运营较有创新,具有借鉴意义。

目 录

上篇

实践篇

新时代电视科学理论节目的发展概况

党的十八大以来，以习近平同志为主要代表的中国共产党人，坚持把马克思主义基本原理同中国具体实际相结合、同中华优秀传统文化相结合，坚持毛泽东思想、邓小平理论、"三个代表"重要思想、科学发展观，深刻总结并充分运用党成立以来的历史经验，从新的实际出发，创立了习近平新时代中国特色社会主义思想。党的十九届六中全会通过的《中共中央关于党的百年奋斗重大成就和历史经验的决议》，用"十个明确"进一步对这一思想的核心内容做了系统概括，并指出："习近平新时代中国特色社会主义思想是当代中国马克思主义、21世纪马克思主义，是中华文化和中国精神的时代精华，实现了马克思主义中国化新的飞跃。"这一重大论断科学阐明了这一思想的理论内涵和重大意义，标明了它在马克思主义发展史、中华文明发展史上的重要地位。在新的征程上,我们要以高度的政治自觉深入学习贯彻习近平新时代中国特色社会主义思想,切实用以武装头脑、指导实践、推动工作,以新气象新作为创造新的历史伟业。①

时代是思想之母,实践是理论之源。马克思主义理论作为行动指南,也随着社会的发展在不断更新,在这一过程中,必须中国化和大众化。中国化才能落地生根,大众化才能深入人心。习近平总书记鲜明提出"坚持把马克思主义基本原理同中国具体实际相结合、同中华优秀传统文化相结合",深刻揭示了马克思主义的理论特质,深刻阐明了马克思主义在中国创新发展的内在机理,从广度和深度上大大深化了我们对马克思主义中国化的规律性认识。习近平新时代中国特色社会主义思想是坚定自觉坚持和发展马克思主义的典范,是坚持"两个结合"、勇于推进理论创新的产物,赋予马克思主义鲜明的实践特色、民族特色、时代特色。

习近平新时代中国特色社会主义思想既立足于现实的中国,又植根于历史的中国,把马克思主义的思想精髓与中华优秀传统文化的精神特质融会贯通起来,成为中华优秀传统文化创造性转化、创新性发展的生动典范,以全新视野深化了对共产党执政规律、社会主义建设规律、人类社会发展规律的认识,为丰富发展马克思主义做出了原创性贡献,实现了马克思主义中国化、大众化新的飞跃、新的升华。

习近平新时代中国特色社会主义思想是当代中国马克思主义、21世纪马克思主义,是党和国家必须长期坚持的指导思想,是在党和人民的中国特色社会主义建设实践中提炼总结出来的科学理论。科学理论转化为实践成果,需要一个大众化的过程,就是把科学理论同人民群众的实践活动结合起来,通过多种形式进行宣传、普及和推广,把深邃的理论用简单质朴的语言讲清楚,把深刻的道理用群众喜闻乐见的方式说明白,使抽象的理论逻辑转变为形象的生活逻辑,让科学理论从书斋走向生动的社会实践,成为广大党员普

---

① 黄坤明.习近平新时代中国特色社会主义思想实现了马克思主义中国化新的飞跃[N].人民日报,2021-11-22.

遍信仰、人民大众普遍认同的强大思想武器。

电视作为大众媒体,是重要的宣传阵地,是传统媒体的龙头,在科学理论的传播、阐述、解析等方面发挥着重要作用。做好科学理论最新成果的大众传播,以理性的力量、创新的方式引导受众,是电视媒体责任担当的重要体现。为此,各地电视台创办了多档电视栏目,开创了诸多节目样态,例如新闻、纪实片、专题片等,这对推进科学理论大众化大有裨益。广西广播电视台于2012年创办的电视科学理论节目《凡事说理》,便是其中的一个典型代表。

本书上篇将聚焦两大块内容。第一章,从新时代科学理论大众化的必要性和新时代科学理论电视传播的可行性两个维度对电视科学理论节目的创办背景进行深层次分析。第二章,从《凡事说理》的创办与发展、效果与影响两个方向,对《凡事说理》进行详细的梳理。

作者采用的研究方法主要有比较研究法、文献分析法。比较研究法是根据一定的标准,对两个或两个以上有联系的事物进行考察,寻找其异同,探求普遍规律与特殊规律的方法。作者将《凡事说理》与国内其他电视科学理论节目做对比,探寻《凡事说理》在制作和传播方面存在的不足。文献分析法是指通过搜集整理与研究主题相关的文献,并且对文献内容进行客观、系统、量化的分析,进而获取信息,形成对事实科学认识的研究方法。作者在撰稿时,阅读了大量与科学理论、新闻传播相关的书籍,对前人的研究成果进行系统分析和梳理,对研究内容"电视科学理论节目"取得一定认识后,确立研究框架,从而为写作提供理论和方法指导。

通过研究可以看出,新时代科学理论大众化有其必要性,而电视作为当下传统媒体的龙头,在这一过程中发挥着重要的作用。虽然这条道路注定崎岖,但在融媒体时代,唯有迎难而上,才能闯出一片天。《凡事说理》在科学理论大众化实践中,不断与时俱进,采用演播室访谈加短片的形式,将高深的科学理论转化为易于老百姓接受的语言。创办至今,《凡事说理》多次获得广西壮族自治区党委主要领导的批示,同时获得多项专业荣誉,在业内已具有一定知名度。

2013年,《凡事说理》创办初期演播室现场

2013年,《凡事说理》节目制作机房

第一章

电视科学理论节目的创办背景

发展马克思主义本质上是一个实践的过程。实践过程中的一个基本要素是马克思主义必须同一国的国情实际相结合，用马克思主义基本原理、观点和方法去解决实践中的各种新问题，得出新结论，实现理论发展和创新。脱离了一国的实践，马克思主义就会因失去其承载体而没有发挥作用的空间。马克思主义和不同国家的实践相结合，能够共同推动马克思主义理论发展。习近平新时代中国特色社会主义理论便是最新的马克思主义中国化成果。

实践是理论发展之源。实践是具体的，不存在抽象的实践。为了让科学理论落地生根，更好地指导人民的日常生活和经济社会发展，媒体需要作为一个桥梁，用电影、电视、广播、报纸等形式，将文件里冷冰冰的文字转化为一个个生动具体、冒着热气的故事，用老百姓喜闻乐见的形式，把道理讲深、讲透、讲实，在社会上形成大家乐意讲、学、用科学理论的氛围。在掌握传播媒介使用方式的同时，要把握好科学理论大众化的实质，将科学理论与人民群众的实践有机结合，在现实中彰显其指导实践的力量，把握群众接受信息的心理，根据群众的需求传递信息，运用现代传播手段、通信工具和大众传播媒介的技术手段，将科学理论的基本观点、方法和立场推广到人民群众的日常生活实际中去。

电视声画同步，信息量大，制作手段多样，在传播上具有优势，是制作科学理论节目的绝佳载体。基于此，国内众多电视台都开办了电视科学理论节目,取得了良好的效果。在这一章,理论方面着重聚焦科学理论与科学理论大众化两方面内容,探讨科学理论大众化的必要性;在实践方面,我们按照电视台制播流程,逐项对《凡事说理》栏目进行分析,同时梳理国内科学理论节目的现状,总结经验,取其精华,用以指导《凡事说理》栏目的制作。

第一节 │ 新时代科学理论大众化的必要性

新实践和新时代呼唤新理论。以习近平同志为核心的党中央紧密结合新的时代条件和实践要求,站在两个一百年交汇的起点,在总结中国特色社会主义实践经验的基础上,从理论和实践两个方面系统回答了新时代坚持和发展什么样的中国特色社会主义、怎样坚持和发展中国特色社会主义这一重大时代课题,创立了习近平新时代中国特色社会主义思想。

马克思指出:"理论只要说服人,就能掌握群众;而理论只要彻底,就能说服人。"[①]习近平新时代中国特色社会主义思想作为马克思主义中国化的最新成果,既坚持了马克思主义的基本立场、观点和方法,又立足新时代中国特色社会主义建设实际,实现了对党的指导思想的创新和发展,与马克思列宁主义、毛泽东思想、邓小平理论、"三个代表"重要思想和科学发展观既一脉相承又与时俱进。

按照经典的"编码—译码"理论,传播者将讯息转化为一种适宜传递,并且易于让受众接受的语言和代码,通过传递信号所必需的技术转化进行传播。传播内容的"编码"过程是传播者对讯息进行加工和"制码"的阶段,延伸到科学理论大众化的过程中,传播者按照既定程序和对受众经验的期望,将科学理论进行整合和转换后,形成适合当代中国国情、社会发展规律和群众喜闻乐见的内容。

党的十八大以后,中国进入全面深化改革新阶段,党和国家在中国社会的方方面面都进行着深刻的实践。而改革的事业不是一蹴而就的,中国社会

---

① 马克思恩格斯选集(第1卷)[M].3版.北京:人民出版社,2012:9-10.

改革进程中面临的一系列新任务、新情况、新问题,要求党和国家与时俱进,不断出台新的政策,指导社会运行和人民生活。作为一个国情复杂、人口众多的社会主义发展中国家,我国的政策和理论的出台都要经过严格的准备和讨论,最终理论政策的出台和具体的实践也要面临多种复杂的情况和现实的困难。步入新时代,做好科学理论大众化的工作就显得尤为必要。

一、实现中华民族伟大复兴需要科学理论引领

理论工作是党的宣传思想工作的重要组成部分。高度重视党的理论建设,坚持以科学理论引领全党、用科学理论武装全党,是我们党的优良传统和巨大优势。

习近平总书记指出,中国共产党之所以能够历经艰难困苦而不断发展壮大,很重要的一个原因就是我们党始终重视思想建党、理论强党,使全党始终保持统一的思想、坚定的意志、协调的行动、强大的战斗力。[①] 坚持马克思主义在意识形态领域指导地位的根本制度,健全用党的创新理论武装全党、教育人民的工作体系,充分发挥理论工作在宣传思想工作中的基础性作用,对于我们党更好地统一思想、凝聚力量,团结带领全国各族人民夺取新时代中国特色社会主义伟大胜利、实现中华民族伟大复兴,具有十分重要的意义。

党的十八大以来,以习近平同志为主要代表的中国共产党人不忘初心、牢记使命,顺应时代发展,从理论和实践结合上系统回答了新时代坚持和发展什么样的中国特色社会主义、怎样坚持和发展中国特色社会主义这个重大的时代课题,创立了习近平新时代中国特色社会主义思想。习近平新时代中国特色社会主义思想是马克思主义中国化最新成果,是党和国家必须长期坚持的根本指导思想,是新时代中国共产党人的思想旗帜,是引领中华民族伟大复兴的指路明灯。在新时代,中国共产党人把马克思主义基本原理同新时代中国具体实际结合起来,团结带领人民进行伟大斗争、建设伟大工程、推进伟大事业、实现伟大梦想,推动党和国家事业取得历史性成就、发生历史性变

[①] 中共中央宣传部.习近平新时代中国特色社会主义思想学习纲要[M].北京:学习出版社,人民出版社,2019:257.

革,中华民族迎来了从站起来、富起来到强起来的伟大飞跃。

党和国家指导思想在我国社会主义意识形态中占据统领地位,以此为核心的思想理论建设是宣传思想工作的根本。党的理论工作具有十分重要的作用,主要表现在以下三点。

第一,在巩固马克思主义指导地位中起到理论导向作用。理论上清醒,政治上才能坚定。马克思主义是社会主义意识形态的旗帜和灵魂,只有坚持马克思主义的指导地位,才能有效引领和整合社会意识和社会思潮,在尊重差异中扩大社会认同,在包容多样中形成思想共识,从而凝聚起实现中华民族伟大复兴的强大精神力量。新时代的理论工作,就是要高举马克思主义、中国特色社会主义的旗帜,坚持不懈用习近平新时代中国特色社会主义思想武装全党,巩固马克思主义在意识形态领域的指导地位,巩固全党全国人民团结奋斗的共同思想基础。

第二,在建设中国特色社会主义伟大事业中发挥思想保证作用。我们党在这样一个有着 14 亿人口的大国执政,面对十分复杂的国内外环境,肩负繁重的执政使命,要实现团结带领全国各族人民奋力夺取新时代中国特色社会主义伟大胜利的战略目标,必须用党的创新理论教育人民,把亿万人民群众的思想和行动统一到党的路线方针政策上来,把智慧和力量凝聚到建设中国特色社会主义的伟大事业上来。新时代的理论工作,就是要推动习近平新时代中国特色社会主义思想深入人心、落地生根,更好地把科学理论转化为认识世界、改造世界的强大力量,更好地统一全党全国人民的思想和行动。

第三,在党的建设工程中发挥推进作用。思想建设是党的基础性建设,对教育引导党员补精神之钙、固思想之元、培为政之本意义重大。党的十八大以来,习近平总书记多次强调坚定政治信仰、增强"四个意识"、自觉维护党中央权威和集中统一领导、严明党的政治纪律和政治规矩、严肃党内政治生活、深入推进反腐败斗争,发展积极健康的党内政治文化、营造风清气正的良好政治生态等。我们党是用科学理论孕育催生、用科学理论武装锤炼起来的新型政党,自诞生之日起就把马克思主义写在自己的旗帜上,把实现共产主义确立为最高理想,每到重大关头,都以理论的开拓、思想的统一锻造自身、克服难关。新时代的理论工作,就是要教育引导全党深入学习马克思主义基本理论,深入学习习近平新时代中国特色社会主义思想,增强"四个意识",坚定"四个自信",做到"两个维护"。

(一)科学理论的宣传任务

理论宣传是党的思想理论建设的重要内容,是让党的理论最迅速、最广泛地同群众见面并入脑入心的基本途径。新时代理论宣传工作的主要任务,就是坚持马克思主义的指导地位,坚持理论联系实际,让党的理论创新成果"飞入寻常百姓家"。

(1)深入宣传马克思主义的基本理论。持之以恒地宣传阐释马克思主义的理论体系、精神实质,引导干部群众深刻理解马克思主义具有科学理性,马克思主义是我们认识世界、把握规律、追求真理、改造世界的强大思想武器。辨析澄清非马克思主义、反马克思主义的错误思潮,正确回答如何看待马克思主义时代性等问题,深化人们对马克思主义强大生命力的认识。

(2)讲好党的理论创新故事,有效推动大众化。坚持不懈宣传、阐释马克思主义中国化理论创新成果,把习近平新时代中国特色社会主义思想作为理论宣传的重中之重,引导广大党员干部读原著、学原文、悟原理,不断增强政治认同、思想认同、情感认同。系统准确阐释习近平新时代中国特色社会主义思想的核心要义、精神实质、丰富内涵、实践要求,深入宣传这一思想的科学体系和原创性贡献,深入宣传蕴含其中的马克思主义思想方法和工作方法,在完善宣传普及的制度机制上下更大功夫,坚持不懈推进党的创新理论通俗化、大众化,推动理论"传"入千家万户,"播"到车间地头,"走"进人们心坎。

(3)生动解读党中央的大政方针。精准解读党中央的重大决策、重大部署,生动反映各地各部门和人民群众的火热实践,讲好中国故事,讲好中国共产党故事,讲好新时代中国特色社会主义故事,展现好亿万人民在新时代的新风貌,反映好人民群众的获得感、幸福感、安全感。

(4)搭建桥梁,真诚回答干部群众关注的理论焦点。紧密联系改革发展实践,围绕干部群众普遍关心的热点难点问题,既要讲清楚"怎么看",又要讲清楚"怎么办",疏导社会心理,平衡社会情绪,纾解社会焦虑;及时掌握思想理论动态,旗帜鲜明地批驳错误观点和错误思潮,有效开展辨析引导,帮助干部群众划清是非界限,廓清思想迷雾,自觉抵制错误思想的侵蚀。

（5）积极投身融媒时代,发挥好各类宣传阵地的作用。积极适应时代发展变化,充分利用图书、报刊、广播、电视、互联网等载体,不断推出具有亲和力、影响力的理论文章、通俗读物、电视理论节目等,开展接地气的网上理论宣传。组织理论工作平台和哲学社会科学工作者,积极开展理论宣传普及工作。推动成立党委讲师团、新时代文明实践中心、县级融媒体中心等,开展分众化、多层次、立体式的理论宣传、宣讲。

图 1-1　2014年,《凡事说理》演播室录制现场

（二）科学理论宣传的基本要求

（1）导向金不换,必须坚持正确的政治导向。媒体大力宣传阐释党的基本理论、基本路线、基本方略,在大是大非问题上立场坚定、旗帜鲜明。坚持平实务实、昂扬向上的基调,既全面又准确,既严谨又生动,不断提高理论宣传质量和水平,唱响主旋律、弘扬正能量、奏响时代最强音。

（2）强调精准,增强理论宣传的针对性、时效性。理论宣传要与实践发展紧密结合起来,面向不同受众,不断深化认识,做到由此及彼、由表及里,融会贯通、深入浅出。坚持问题导向,找到映照社会现实、关乎民心民意的新问题和真问题,善于捕捉和回应理论热点问题,靶向解答群众的疑问和困惑。

(3) 重视宣传效果,增强理论宣传吸引力、感染力。坚持贴近实际、贴近生活、贴近群众,用真情实感讲故事,深入浅出讲道理,弘扬清新朴实、生动鲜活、说理深刻的文风,推出更多有思想、有温度、有品质的通俗理论产品。大力探索创新传播方式、表现形式,善于运用群众乐于参与的方式,采取富有时代特色、体现实践要求的方法,充分运用网络新技术、新应用,不断提升理论宣传的实际效果。

(三) 科学理论宣传的途径和载体

在融媒时代,做好科学理论的宣传工作,需要调动各方面的力量,形成合力。党报党刊、广播电视、图书和电子出版物、互联网等,都是理论宣传的重要阵地和基本途径。做好理论宣传,要运用各具特色的多种载体形式,面向广大干部群众开展理论宣传,既发挥长期行之有效的传统手段的优势作用,又适应时代要求拓展新方式、新渠道,不断增强理论宣传的吸引力和感染力。

(1) 党报党刊。各级党报党刊作为党和人民的喉舌,是传播马克思主义基本理论和党的创新理论的重要平台。这些报纸刊物组织刊发的理论文章、言论评论等,理论性、政策性、指导性强,在理论宣传中占有重要位置。

(2) 广播电视。广播在用有声语言阐释讲解理论方面有独到之处。电视具有覆盖面广、传播快、形象直观等特点,对促进科学理论深入千家万户发挥了重要作用。近年来,围绕庆祝改革开放 40 周年、新中国成立 70 周年等重大主题宣传活动,各级广电机构组织制作播出了《必由之路》《我们走在大路上》《思想的田野》《凡事说理》等一批文献专题片、政论片和理论节目等,在社会上引起了强烈反响,成为宣传习近平新时代中国特色社会主义思想的生动教材。

广播电视台要发挥主流媒体宣传优势,办好特色栏目,制作理论节目,努力打造精品力作。

(3) 图书和电子出版物。书籍是人类进步的阶梯,理论图书和电子出版物内容丰富,是理论宣传的重要载体。《习近平谈治国理政》等经典著作的出版,对推动学习宣传普及党的创新理论发挥了重要作用。近年来,《习近平新时代中国特色社会主义思想学习纲要》等一批权威读本和"理论热点面对面"系列通俗读物，系统全面、深入浅出地宣传了党的基本理论、基本路线、基本方略，科学地回答了人们深层次的思想认识问题，为广大干部群众提供了高质量的学习资源。做好图书理论宣传，要有计划地推动理论读物系统化，形成由文献精编、权威读本、通俗读物等组成的，适应不同形式理论学习、面向不同群体的理论读物体系。

（4）互联网。深化理论宣传，必须利用好互联网这个主渠道，推动党的创新理论网络传播，让主流思想舆论始终主导网络空间，引领网络生态。近年来，各主流媒体精心组织习近平总书记重要活动、重要讲话网上宣传报道，广泛开展重大主题网上宣传，推出一批网民喜闻乐见的客户端、公众号和网文、音频、视频、动漫、H5等产品，不断提升网上理论宣传的到达率、阅读率。搭建立足全党、面向全社会的"学习强国"学习平台，使其成为信息化时代的科学理论学习阵地、思想文化聚合平台。做好网络理论宣传，要继续办好重点理论网站和"两微一端"，有效运用网络新技术手段，推出更多覆盖面广、传播率高的融媒体产品。

宣传思想文化战线各项工作，要把宣传习近平新时代中国特色社会主义思想作为分内之事、应尽之责。各种文化产品、文化服务和文化活动，应自觉把党的创新理论嵌入文艺创作生产中，实现用科学理论引领文艺创作，用文艺手段传播科学理论。

（四）推进科学理论大众化

推进科学理论大众化，是用习近平新时代中国特色社会主义思想武装全党、教育人民的战略举措，是凝聚智慧力量、推进事业发展的重要任务，也是加强党的思想建设的根本要求。

（1）站稳人民立场，积极回应百姓关切。推进科学理论大众化，必须牢固树立人民观点，自觉贯彻党的群众路线，把坚持以人民为中心、服务人民群众作为永恒不变的法则，树立大众情怀，思想上尊重群众，感情上贴近群众，视群众为亲人，把群众当主人，做群众的贴心人，把真情实感融入理论宣传工作之中。走出书斋、走出象牙塔，到基层一线，到普通群众之中，了解生活状况、把握思想脉搏,体验社会实践,感悟生活真谛,找准理论宣传与群众需求的契合点,找准理论服务人民的着力点。关注民生冷暖,反映群众诉求,人民群众关心什么我们就聚焦什么,广大百姓困惑什么我们就解答什么,为人民立言、为百姓谋利,在服务群众、满足群众中更好地实现理论的价值。

（2）贴近受众需求,加强分众化靶向传播。理论宣传不能搞"一勺烩""一锅煮",弄成上下一般粗,而要在分众化上多做文章。要把宣传对象的基本构成搞清楚,根据不同受众群体的特点,"找共同、知不同",选择符合特定对象心理认知和接受习惯的方式,找准对接点、共鸣点,有针对性地制作不同类型、各具特色的理论产品,点对点推送到受众中,实现精准传播、有效覆盖,把党的创新理论讲到人们的心坎上。

（3）做好学理支撑的"深入"和话语表达的"浅出"。"深入"是大众化的基础,要结合党的创新理论实践发展、中华历史文化渊源、国际国内大局大势等,深刻阐释习近平新时代中国特色社会主义思想的丰富内涵,更多推出一些有思想深度、有感情温度、有研究厚度的理论成果。"浅出"是大众化的关键,要把博大精深的理论体系"讲透""讲薄",帮助群众学习消化、掌握要点。推进党的创新理论大众化,就要在坚持思想性、理论性的基础上,将科学理论转化为广大干部群众都能理解、掌握、运用的话语,将"大道理"转变为"接地气"的百姓语言,直达心底、震撼心灵。努力将学术话语转化为百姓话语,推出更多思想厚重、观点鲜明、短小精悍的短文短评,增强说服力、穿透力。

（4）坚持直面问题,不回避矛盾,科学解答实践中的问题。推进党的创新理论大众化,就要有实事求是的态度、面对现实的勇气、唯物辩证的方法,在回应解决实际问题中展示习近平新时代中国特色社会主义思想的实践伟力。坚持科学求实的精神,有一说一、实话实说,是什么问题就讲什么问题,是什么原因就讲什么原因。坚持运用全面、辩证的观点分析问题,坚持"两点论"、注重"两分法",区别主流与支流,认清有利与不利,把握计划和挑战,避免片面化、简单化,引导人们客观理性地看待问题。善于用发展的眼光分析问题,把问题置于社会发展的历史过程中进行思考、做出阐释,讲背景成因、讲现实状态、讲未来前景,帮助人们在把握发展趋势中看到解决问题的希望,找到解决问题的办法。

图 1-2 2014 年,《凡事说理》在广西龙州县的录制现场

图 1-3 2014 年,《凡事说理》在广西龙州县的录制现场

二、实现均衡发展共同富裕需要科学理论指导

"五四"运动至中华人民共和国成立是广西马克思主义大众化的发轫期。"五四"运动前后,广西籍先进知识分子开始在八桂大地上传播马克思主义。左右江革命根据地时期,红七军、红八军和根据地苏维埃政府制定并实施了一系列发展文化教育的政策,深受群众的拥护。抗日战争时期,中共广西党组织牢固掌握了桂林抗战文化运动的领导权。解放战争时期,中共广西党组织领导民族群众开展了反内战反独裁,争取和平民主的斗争,为配合解放军南下解放广西创造了必要的舆论氛围和群众条件。

中华人民共和国成立至20世纪80年代是广西马克思主义大众化的开拓期。中华人民共和国成立初期,广西的文化艺术事业全面振兴,开始了马克思主义大众化的新征程。党的十一届三中全会后,广西的文化建设事业重现曙光,马克思主义大众化工作呈现新的局面。20世纪80年代初至今是广西马克思主义大众化的全面推进期。千里文化长廊建设工程等一系列文化建设工程的施行,实现了广西整体文化水平的提升。党的十八大后,广西宣传思想文化战线针对近年来的新形势、新任务,着力探索马克思主义大众化的有效途径,不断扩大理论武装群众工作的覆盖面,提升传播力和影响力,为加快实现富民强桂新跨越提供精神动力和智力支持。广西各地从实际出发开展了形式多样的宣传和贯彻党的十八大精神的活动,围绕"中国梦"的宣传,凝聚实现广西跨越式发展的力量;围绕加强党的建设,深入开展党的群众路线教育实践活动;并在全区广泛宣传"四个全面"思想。

2021年4月,习近平总书记在广西考察时强调,要坚决贯彻党中央决策部署,完整、准确、全面地贯彻新发展理念,坚持稳中求进工作总基调,解放思想、深化改革、凝心聚力、担当实干,统筹疫情防控和经济社会发展,统筹发展和安全,在推动边疆民族地区高质量发展上闯出新路子,在服务和融入新发展格局上展现新作为,在推动绿色发展上迈出新步伐,在巩固发展民族团结、社会稳定、边疆安宁上彰显新担当,建设新时代中国特色社会主义壮美广

西。① 现在,新征程已经开启,习近平总书记对广西高度关注,党中央对广西寄予厚望,人民群众对壮乡充满期待。八桂儿女定当牢记嘱托、感恩奋进,在以习近平同志为核心的党中央的坚强领导下,按照习近平总书记对广西做出的一系列重要指示精神,在自治区党委奠定的坚实基础上,紧紧依靠全区广大干部群众,恪尽职守、担当作为、攻坚克难,推动广西各项事业不断取得新进步。

(一)广西的民族特色需要科学理论

2021 年 4 月 27 日上午,习近平总书记来到位于南宁市邕江之畔的广西民族博物馆,参观壮族文化展。博物馆外,三月三"歌圩节"壮族对歌等民族文化活动正在这里集中展示。习近平总书记强调,广西是全国民族团结进步示范区,要继续发挥好示范带动作用。各民族共同团结进步、共同繁荣发展是中华民族的生命所在、力量所在、希望所在,在全面建设社会主义现代化国家的新征程上,一个民族都不能少,各族人民要心手相牵、团结奋进,共创中华民族的美好未来,共享民族复兴的伟大荣光。

"每一个民族,不论大小,都有其本质上的特点,即只属于该民族而为其他民族所没有的特殊性"。② 千百年来,广西各族群众在八桂大地上繁衍生息,共同创造了融山地文化、边境文化、海洋文化、民族文化、红色文化为一体的灿烂文化资源,形成了广西独有的人文特点。

这一特点也决定了广西科学理论大众化工作的特殊性和典型意义。广西是我国 5 个少数民族自治区之一,也是我国少数民族人口最多的省份。广西地处中国南部,东邻广东,西连云南,西北靠贵州,东北接湖南,南临北部湾与海南省隔海相望。广西是一个多民族聚居的自治区,区内有壮族、汉族、瑶族、苗族等 12 个世居民族。各个民族之间,习俗、传统不尽相同,亟须用科学理论把各民族的思想统一起来,拧成一股绳,发挥合力。

科学理论大众化不是单纯的"宣传和传播",而是由"宣传和传播—接受

---

① 习近平在广西考察时强调　解放思想深化改革凝心聚力担当实干　建设新时代中国特色社会主义壮美广西[N].人民日报,2021-4-28.
② 斯大林.斯大林文起(下卷)[M].北京:人民出版社,1962:507.

和领会—行动和变革"等几个前后相关环节构成的完整周期。由于受传统观念、体制或制度等因素的影响和阻碍,传播者在宣传工作中侧重"灌输"而忽视科学指导和良性互动,注重表面形式而轻视充实内容。对于少数民族地区群众这一具有一定特殊性的宣教对象,不仅要"因材宣教",也要加强对宣传效果的检视;要充分调动广西各族群众的主观能动性,把对科学理论的传播由冷眼旁观转变为主动接受。

民族地区科学理论大众化是一项复杂的、艰巨的、长期的系统工程。当代广西科学理论大众化路径的选择和实现过程中依然有不少问题和制约因素,尚存在某些路径不够顺畅、不够明晰、不够完备和适用性较差等问题,影响着科学理论大众化工作的成效。新时代、新形势下,广西仍然需要继续探索、创新和完善科学理论大众化路径:

第一,大力发展民族教育,筑牢马克思主义大众化之基。围绕提升教育质量和促进教育公平,充实民族教育的内容;从民族地区实际出发,丰富民族教育的形式。

第二,改善民族地区的文化民生,夯实科学理论大众化的路径。加强民族地区公共文化服务体系建设,努力发展有少数民族特色的文化产业,倡导和组织健康向上的群众文化活动。

第三,充分利用广西民族地区的优秀文化资源,开拓马克思主义大众化的路径。特别是要着力促进优秀民族传统文化、红色文化资源与马克思主义相契合,提升民族群众对科学理论的认同程度。

第四,建立和健全民族地区科学理论大众化路径实现的组织、制度和机制。我们应遵循统筹兼顾的思想和以人为本的原则,建立民族地区科学理论大众化推进中心,健全广西民族地区科学理论大众化的人才、经费和奖惩等方面的各项保障制度,健全科学理论大众化的传播、反馈等方面的实践机制。

(二)广西的总体发展需要科学理论

广西壮族自治区地处我国东、中、西三大地带接合部,是唯一的西部沿海省份,也是西部大开发战略实施区域,地理区位非常独特。南有北部湾,与东盟国家陆海相邻,作为东盟区域的国际通道,广西也是唯一与东盟自由贸易

图 1-4　《凡事说理》录制现场

区相邻的省份,更是西南、中南地区开放发展新的战略支点。西南与越南接壤,有东兴、凭祥、友谊关、水口四个国家级陆地边境口岸。东与广东相邻,国家级战略区——珠江-西江经济带贯穿其中,将广西与珠三角紧密相连。

2013 年 9 月,习近平总书记提出共同建设"丝绸之路经济带"。作为 21世纪丝绸之路经济带与海上丝绸之路有机衔接的重要门户,广西又被赋予了新的区位意义。在促进区域的协调发展、深化与东盟的开放合作、维护西南边疆的稳定和国家的安全中具有重要战略地位。

中国-东盟博览会和中国-东盟商务与投资峰会在南宁的定期举办,东盟自由贸易区的建设、北部湾经济区的开放开发、西部陆海新通道建设等给广西的发展带来了前所未有的机遇。

2013 年,广西壮族自治区政府报告提出:"我区经济社会发展中还面临不少困难和问题,后发展欠发达的基本区情没有改变,人民群众日益增长的物质文化需要同落后的社会生产之间的矛盾没有改变,主要是经济总量小,人均水平低；工业化城镇化水平不高，农业基础薄弱，产业结构不合理，基础设施不完善；科技支撑能力不强，创新型人才缺乏；市场化、国际化程度较低；经济发展方式仍较粗放，资源环境约束压力加大；基本公共服务保障能力不足，城镇居民收入不高，贫困面还较大等。我们要高度重视并认真解决这些问题，使富民强桂新跨越的道路越走越宽广。"①

进入新时代，发展主题的历史内涵、约束条件、发展方式和政策及制度安排等均发生着深刻变化。在深入实践中运用马克思主义基本方法和原理，在理论和实践上回应时代变化的历史需要，构成了习近平新时代中国特色社会主义经济社会发展的重要内容。广西经济社会的总体发展，需要科学理论的指引，走高质量发展的路子。

第一，中国社会主义初级阶段从克服贫困现象、实现富起来阶段进入强起来阶段，必须树立新的发展理念。

第二，约束经济增长的条件发生了系统性变化，必须根本转变经济发展方式，从要素投入量扩张为主拉动规模扩张的增长方式，转变为主要依靠质量变革、效率变革、动力变革的调结构发展。

第三，中国必须面对的挑战和机遇发生了历史性变化：距离实现现代化的目标从来没有如此之近，面临的风险和矛盾则比以往更为复杂。要求加快完善和发展中国特色社会主义制度，全面推进国家治理体系和治理能力的现代化。

第四，宏观经济失衡具有结构性特征，从以往单一总量方向性失衡，演变为总量和结构失衡并存，面临"双重风险"，要求从根本上改变宏观调控机制，特别是在兼顾需求管理的同时，突出深化供给侧结构性改革。

第五，世界经济格局与中国经济发展之间的关系发生了深刻变化，"修昔底德陷阱"的作用很可能产生影响，必须构建新的内外联动的开放格局。

第六，最为重要的是，必须确立高质量发展的核心目标，建设现代化经济体系，包括构建新的产业体系，培育更具竞争性的资源配置机制等。

---

① 2013年广西壮族自治区人民政府工作报告[N].广西日报，2013 - 2 - 19.

（三）实现共同富裕需要科学理论

"党的十九届五中全会审议通过的《中共中央关于制定国民经济和社会发展第十四个五年规划和二〇三五年远景目标的建议》提出把全体人民共同富裕取得更为明显的实质性进展作为远景目标提出来，充分体现了以习近平总书记为核心的党中央坚持以人民为中心的根本立场，是我国当前和今后经济社会发展的重要努力方向和基本遵循。"①

理论须呼应历史，思想须回应时代。广西在共同富裕道路上的实践，是全国各地的一个缩影。要实现共同富裕，必须与时俱进，秉持科学理论，以先进的思想为指引，聚焦生产力与生产关系矛盾运动发展的突出问题，并提出解决问题的基本原则和根本途径。首先，不断解放和发展生产力。发展是解决我国一切问题的基础和关键，坚持以经济建设为中心，做大做优"蛋糕"，为

图1-5 《凡事说理》录制现场

---

① 扎实推动共同富裕[N].人民日报，2020-12-7.

分好"蛋糕"提供坚实的物质基础。其次,不断增进民生福祉,提高人民生活水平。始终坚持以人民为中心,把实现好、维护好、发展好最广大人民的根本利益作为发展的出发点和落脚点,更好满足人民日益增长的美好生活需要,不断增强人民群众的获得感、幸福感、安全感。最后,不断完善收入分配制度。坚持按劳分配为主体、多种分配方式并存,完善按要素分配政策制度,发挥第三次分配的作用,促进收入分配更合理、更有序,使改革发展成果更多更公平地惠及全体人民,朝着共同富裕方向稳步前进。

第二节 ｜ 新时代科学理论电视传播的可行性

"现代社会大众传播媒介越来越发达,传播的覆盖面和深度也越来越广、越来越深,媒介的传播对社会舆论形成的影响和作用也是不言而喻的。"[①]理论推广离不开传播媒介的作用。传播媒介作为一种传播工具和传播载体,是传播内容赖以依存的物质形式,而这种形式也就必然要求和特定的技术手段相结合。科学理论大众化需要选择恰当的传播媒介进行传播,运用与内容相关并能反映内容本身的物理技术形式,运用一些传播方法,借助一定的传播载体,使群众方便快捷地获取最前沿的理论动态和信息。

电视节目作为主流媒体的有机组成部分,承担着重要的政治传播责任,肩负着向人民群众传播国家政策和党的理论的任务。为了做好媒体的舆论引导工作,发挥电视节目的舆论宣传和价值引领的功能,使人民可以更好地理解国家政策,电视理论节目应运而生。

电视理论节目以连续特别节目的深度解读方式,不仅发挥了国家政策的公众传达功能,还发挥了与众不同的电视理论节目的传播优势,以它独有的形态和品质,增加了电视节目的理性色彩,从整体上提升了电视节目的内容深度和理论厚度。

---

① 张宁.媒介社会学:信息化时代媒介现象的社会学解读[M].广州:中山大学出版社,2010:122.

图 1-6　2017 年,《凡事说理》在广西玉柴集团录制现场

图 1-7　2017 年,《凡事说理》在广西玉柴集团录制现场

一、科学理论大众化需要大众化的电视传播

作为观念形态的政治信息和政策理论的传播,本质是以党和政府为主体的"意识形态"的传播。电视理论节目对政策理论的解读和传播,其实是向受众传达政策理论背后所体现出的意志和信仰,从而构建和塑造了受众的意识

形态。

（一）党和国家的舆论引导和政治宣传工作需要电视科学理论节目发挥政治传播作用

近年来，党和国家的舆论引导和政治宣传工作面临着多方面的挑战。网络的普及、新媒体的迅猛发展，使得社会舆论逐渐开放，各个社会阶层各种群体的思想在多个话语空间内互相碰撞激荡。社会自媒体的发展使传统意见领袖的地位受到挑战，而具有话语权和引导权的新类型的意见领袖开始活跃在各种热点事件的舆论舞台。在这样纷繁复杂的社会舆论环境之下，作为引领舆论的主流媒体，电视媒体应敏锐把握思潮变化，提供权威平台，强化电视理论节目在引领思考、释疑解惑、凝聚共识方面的重要作用。

电视理论节目在娱乐综艺类节目的挤压下，亟须探索出一条具有竞争力的发展新路径。电视从业者也要正视目前国内理论类电视节目的发展现状，了解理论类电视节目作为一种特别的电视节目类型，在娱乐综艺类型节目的挤压下所面临的现实困境。

（二）党和国家方针政策的推行需要发挥电视科学理论节目的表达作用

施拉姆在其著作《传播学概论》中，曾将政治信息分为四个不同的形态：观念形态、实体形态、潜在形态、流动形态。① 电视理论节目所传达的信息，即党和国家的方针政策就属于其中的观念形态，具体表现为各种政治理论、学说、思想、观念、意识等方面的政治信息，具体形式包括对实践的总结、对时事的阐述、对系统的评价和对斗争的论断等。

作为大众媒介的电视媒体，天生便具有发布信息、传播知识、提供娱乐、服务大众的功能，国家政策及主流思想也通过不同的形式呈现于大众媒介的传播实践之中。例如，各类新闻节目，将党和国家的方针政策以新闻话语的方式传达给节目受众；各种公益类型的电视节目和晚会，在讲故事、诉情怀之中，向受众传递着社会主义核心价值观念。电视理论节目，更是以其专业的

---

① 施拉姆，波特.传播学概论[M].北京:北京大学出版社,2007:145.

政策议题、深入的理论解读和系统的理论呈现，成为将国家政策和理论向公众传达的一种独特的传播平台。

（三）党和国家的形象构建需要电视科学理论节目发挥塑造作用

形象构建，指公众对党和政府综合认识形成的整体印象和评价，是党和政府的行为表现和精神风貌在公众中的反映。

党和政府的形象由行政体制、机关的工作作风、办事效率、依法行政、领导的人格魅力、工作人员的精神风貌、决策能力、施政方略、创新能力、腐败与官僚制度等指标构成。党和政府的形象是党和政府在政治生活中方方面面的具体表现。

从节目的制作目的来看，电视理论节目对于政府职能的发挥具有监督作用。对于中央及地方出台的政策理论，电视理论节目不是一味地被动理解和解读，而是发挥主观能动性，对其进行思考和评价。

电视理论节目的存在促使党和政府高度重视政策理论是否具有合法性、合理性和先进性，是否经得起电视理论节目的解读，是否经得起实践的检验，最终是否可以得到人民群众的认可和支持。因此电视理论节目的制作和播出有利于促进党和政府塑造一个民主、廉洁、高效、法治、公正、负责、创新和诚信的良好形象。

从节目的内容选择来看，电视理论节目通过对党和政府政策的解读，对政策绩效的有力宣传，以及在电视画面中对于公职人员形象的选择和构建，积极地塑造一个民主、公正、负责、理性、法治的政府形象。

二、国内电视科学理论大众化节目发展概述

自 2012 年起，多个省市推出了数档电视理论节目，如北京市委宣传部与北京电视台共同推出的《宣讲家》、江苏省委宣传部和江苏广电总台共同主办的《时代问答》等。电视理论节目在省市级电视台中存在的必要性得到各宣传单位的极大重视，成为响应党和国家发展形势的重要舆论宣传阵地。以下将介绍国内电视科学理论大众化节目发展概况。

…………… 图 1-8　2018 年,《凡事说理》在广西玉林市录制节目现场照片 ……………

（一）《思想的田野》

《思想的田野》是由国家广播电视总局指导,北京、上海、浙江、江苏、湖南、陕西等地卫视联合制作的大型电视理论系列节目。第一季分为北京篇、上海篇、浙江篇、江苏篇、湖南篇,第二季分为云南篇、黑龙江篇、四川篇、海南篇、内蒙古篇、福建篇,分别于 2019 年 8 月和 2020 年 4 月与观众见面。这两季节目甫一播出,即在受众中引发热烈反响。观众喜欢看,因为节目"接地气"。该节目在实地探访中呈现了中国人的生活与奋斗历程,"以小见大",散发着思想的芬芳。2020 年岁末,承载着现实奋斗和理想火花的大篷车——《思想的田野》第三季,陆续登陆地方卫视,继续在城市街道和田间地头"寻访+解读",发现故事,阐释思想,宣讲理论,用生动鲜活的电视手法多角度展现习近平新时代中国特色社会主义思想的时代价值、理论魅力和实践成就。第三季播出后持续保持高收视率,受到社会的广泛好评。《思想的田野》这一电视理论系列节目,紧扣时代脉搏,在故事里传承思想,于平凡中发扬精神,为电视理论节目的创新提供了全新思路。

（1）精准选题,以人民为中心。在《思想的田野》第一季节目中,江苏篇紧扣"高质量发展"主题,既把镜头对准马庄做特色"真棒"香包的老奶奶和小媳妇,又前往南京浦镇车辆公司,展示大国工匠风采,解读创新驱动发展战略。在第二季节目中,云南篇深入少数民族杂居的普洱地区和全国首个实现整族脱贫的独龙族聚居地独龙江乡,描绘了"中华民族一家亲,同心共筑中国梦"的动人画面在第三季节目中,陕西篇邀请电影《我和我的家乡》导演俞白眉介绍影片中治沙的故事。这些发生在观众身边的人和事,与党的政策、国家发展和社会进步息息相关,既接地气又紧扣时代脉搏,将观众自然而然、润物无声地带入理论殿堂,有效地增强了理论宣传的影响力、吸引力和感染力。

(2) 理论具体化,在故事中传承思想。《思想的田野》在内容上精心编排,通过一个个有血有肉的故事传情达意,用事实说服人、用情感打动人、用道理影响人。在第三季节目中的湖北篇,节目组来到经过疫情严峻考验的武汉市,行进式采访武汉市民。节目通过这些抗疫亲历者动情讲述发生在身边的故事,将武汉战疫的感人场景串联起来,从"制度的力量""科技的力量""人民的力量"三个角度,全面还原火神山等七个鲜活的抗疫场景。《思想的田野》以这样生动的方式讲述中国故事,内容充实又贴合节目宗旨,将理论、文化、精神寄寓其中,引发了许多观众和网友的共鸣。

(3) 创新形式,表达多样化。电视节目模式和话语方式的创新,是为了更好地满足人民群众日益增长的精神文化需求。电视理论节目既依靠理论的深度、事实的准确,也需要形式的丰富生动。从观众角度而言,形式创新一定程度上就是理论节目的流量入口,所有让观众喜闻乐见的视听体验形式,都是引发观众兴趣的基础。《思想的田野》综合运用实地探访、专家探讨、亲历者讲述等方式,以"理论宣讲大篷车"为载体和标志,将录制地点从演播室转移到百姓火热的生活中。在第三季节目中,一辆"大篷车"时而化身京张高铁,向冬奥会核心赛区飞奔;时而变身直升机,在忙忙碌碌的天津港上空飞过;时而又成为武汉公交车,仿佛重回团结抗疫的难忘情境。这种"走进去""伴随式""沉浸式"的叙事手法,让理论表达生动化,更容易使观众可亲可感,大大增强了理论节目的感染力、吸引力。

(4) 扩展渠道,融合传播。电视理论节目以往主要以电视媒体作为播出渠道。广播电视为线性传播,播出时间和频次相对固定,单向传播不利于即时互动,这使得一些精心制作的电视理论节目在播出后,影响力和传播力受到限制。在移动互联网普及和通信技术飞速发展的今天,媒体融合向纵深发展,传播格局和受众习惯都在发生变化。网上传播已经成为现代社会的主要传播方式,网络舆论已经成为舆论的主要组成部分,网民已经成为主要的传播对象和传播的参与者。新媒体环境下,电视理论节目"酒香也怕巷子深",只有深入分析互联网传播的特点和规律,充分运用新技术、新应用创新媒体传播方式,积极探索理论节目的传播和宣传推广之道,才能让电视理论节目"飞入寻常百姓家"。

《思想的田野》除电视播出外,还在全国各卫视所属的新媒体平台和腾讯视频等媒体上进行宣传推广,取得了良好的传播效果,进一步拓展了主流价值传播版图。这是电视理论节目紧跟媒体融合传播新趋势,把握舆论生态新特点,抢占传播制高点的有益尝试。

(二)《社会主义"有点潮"》

《社会主义"有点潮"》是由中共湖南省委宣传部、人民网、湖南教育电视台联合制作的电视理论节目。节目委托湖南教育电视台制作,是全国首档"三新"进校园电视理论节目。

节目共分六期,包括《乌托邦是座什么岛?》《〈共产党宣言〉是一本什么书?》《阿芙乐尔号为什么开炮?》《南湖的红船为什么能破浪前行?》《中国特色社会主义特在哪?》《中国梦是个什么梦?》,每期40分钟,全面讲述社会主义波澜壮阔的发展历程。

该节目采用演播厅访谈的形式,每期节目中,一位主持人、三位嘉宾共聚一堂,热烈讨论关于"社会主义潮流"的故事。节目中,主持人和嘉宾结合通俗易懂的案例,借助全息技术对每一期主题进行了生动有趣的阐述,让现场的大学生对社会主义有了更深刻、更透彻的认识,也更加明白了社会主义"潮"的根本。

(三)《新时代学习大会》

《新时代学习大会》是由中共湖南省委宣传部策划,湖南广播电视台制作的《社会主义"有点潮"》第二季。

该节目共五集,每集 40 分钟,定位为推动习近平新时代中国特色社会主义思想"天天见""天天新""天天深"的大型理论节目。《新时代学习大会》沿袭《社会主义"有点潮"》第一季互动化、故事化的创作意识,增加了竞赛元素,设置了"时空问答""时代新语""百秒开讲"三个比赛环节。节目参赛选手每集三人,均来自高校,既有在校本科生、硕士生、博士生,也有高校辅导员和专任教师。

(四)《时代问答》

《时代问答》是由中共江苏省委宣传部、江苏广播电视台联合推出的一档对于马克思主义理论研究和建设工程首席专家的高端访谈栏目。每期节目时长 30 分钟,2012 年 10 月 16 日起在江苏卫视播出,每周二 23:00 首播,当周周日 18:00 重播。

栏目定位为"时代热点,深度解读",通过主持人与国内顶尖哲学社会科学领域专家学者一对一的深度访谈,倾听他们如何解读当前中国社会出现的一系列热点问题。

(五)《厉害了,我们的新时代》第一季

《厉害了,我们的新时代》由中宣部理论局、中共江苏省委宣传部、江苏广播电视台联合制作,分为《新时代什么样》《新使命是什么》《新思想新在哪》《新征程怎么走》《新部署怎么干》《伟大工程怎么建》六集,于 2017 年 12 月 24 日晚 8 点起,在中央电视台新闻频道首播,人民网、新华网等融媒体平台同步推出。

该节目以"中国特色社会主义进入新时代"为主题,以党的十九大精神和习近平新时代中国特色社会主义思想为主线,邀请理论专家系统解读,青年学者和基层代表畅谈体会,场内外观众互动讨论,同时还引入观众喜爱的智能机器人、动画、饶舌说唱等趣味形式,生动呈现新时代新思想的丰富内涵和重大部署,以社会大众特别是青年群体的视角领会十九大精神,学习习近平新时代中国特色社会主义思想,感悟新时代、新征程、新气象、新作为。

（六）《中国正在说》

《中国正在说》是全国首档大型电视公开课。节目以"讲好中国故事，发出中国声音"为主题，讲述中国故事，传递正能量。东南卫视从 2016 年 11 月 4 日起每周五 21：15 播出。

节目以脱口秀的形式，在内容上主要突出四个方面，即中国的马克思主义信仰、中国的社会主义道路、中国共产党治国理政的制度模式和中国人民自力更生艰苦奋斗的生动实践，是一档旗帜鲜明的政论节目。为了增强可看性，节目在灯光、舞美等方面采用国内一流设计，互动环节设置了许多尖锐问题，并采用多种互动方式，使答疑解惑效果更好。

参加节目的嘉宾是在中国社会各相关领域的精英人士或杰出代表，有着深厚的理论基础或丰富的实践经验，为节目的可看性和权威性提供了保证。

（七）《理响新时代》

《理响新时代》由中共安徽省委宣传部和安徽广播电视台联合推出，以新策划、新表达、新传播开辟学习宣传习近平新时代中国特色社会主义思想和党的十九大精神的新阵地。

第一季以党的十九大精神蕴含的"八个新"，即"新时代、新思想、新论断、新征程、新动力、新部署、新战略、新要求"为主题，以时代选择和现实课题为切入点，邀请 8 位"理响家"（权威理论专家）与 40 位"理响星"（各个行业的精英），围绕十九大报告的 8 个核心关键词，分享学习的心得体会、思想火花和理论收获。

节目运用综艺手法宣讲党的十九大精神，将抽象理论融入辩论、脱口秀、动画、机器人、互动竞猜等形式，娓娓道来说故事、讲道理，循循善诱学思想、悟真谛，致力于打造冒热气、接地气、有人气的理论传播品牌，以影响当下爱学习、爱思考、爱分享的年轻电视观众。

《理响新时代》第二季，全面升级了综艺化脱口秀理论节目模式，通过测试、竞答、听课、演讲四个环节，在科学、文化、思想、实践四个维度上生动阐释科学思维。第二季共六期节目，每期 45 分钟，通过聚焦阐释习近平总书记强

调的"五大思维",深度解读习近平新时代中国特色社会主义思想。第二季于
2018年12月25日起,每晚19:35在安徽经济生活频道首播,并在人民网和人
民视频同步推送。

(八)《是这个理》

由湖北省社科联、湖北广播电视台、中共湖北省委讲师团主办,湖北电视
综合事业部、长江云承办的系列理论故事节目《是这个理》在湖北电视综合频
道开播。

《是这个理》系列节目邀请湖北省社科专家参与录制,他们深入实地进行
调研,将理论与实践相结合,把"天上跑的大道理"转化为"接地气的小故事",
让新思想、新理论与百姓面对面,推动新思想、新理论"飞入寻常百姓家",以
此激发团结一心、不懈奋斗、克难攻坚、勇往直前的磅礴力量。

(九)《马克思靠谱》

《开卷有理》是内蒙古广播电视台推出的"好有趣""好营养""好品位"的
"三好读书栏目",其精品节目为《马克思靠谱》。

2016年,为了推进马克思主义的大众化传播,深入学习贯彻习近平总书
记系列重要讲话精神,内蒙古党委宣传部策划,联合内蒙古广播电视台制作
了一档电视读书节目《开卷有理》,受众定位是80后、90后的青年群体,希望
以通俗易懂的形式在青年群体中传播马克思主义。《开卷有理》第一季《马克
思靠谱》一共有九期节目,以马克思的个人生平为主线,用讲故事的形式,对
马克思的经典著作进行系统化宣讲,同时为大众解读马克思主义理论,力图
用马克思主义的世界观和方法论来解决现实问题。节目播出后,受到大众
好评。

《马克思靠谱》为了更好地将马克思的生平事迹和马克思主义理论呈现
在观众面前,使节目结构更加紧凑,这九期节目由一条清晰明确的主线串联
起来,具备一定的逻辑结构。这九期节目分别为:《飞扬吧,青春》《再见吧!
黑格尔》《马克思的朋友圈》《历史的正确打开方式》《破土啦!天才世界观》
《全世界无产者联合起来》《痛并快乐着》《马克思是个好医生》《马克思靠谱》。

前三期节目对马克思的个人生平进行梳理,后面几期则按照诞生时间的先后顺序来对马克思主义理论进行讲解。在这九期节目的解读中,我们可以看出两个核心的主题:一个是以马克思个人的人格魅力为主题,通过马克思的生平故事以及创造伟大理论过程中的艰辛坎坷来体现;另一个主题则是在第一主题的基础上引申的,是对第一主题的升华,引申的主题有个人成长、国家利益、人类和平等。

(十)《新青年新思想》

黑龙江卫视电视理论宣讲节目《新青年新思想》以青年为主导群体,以演讲为主要表现手段,结合现场访谈、理论解读等多模态呈现方式,实现了电视理论类节目与电视演讲类节目的生动整合,通过语言的力量传播中国故事,全面展示了当代青年的家国情怀与责任担当,同时也为电视理论节目的创新实践提供了新路径。节目以党的十九大精神和习近平新时代中国特色社会主义思想为指导,全方位地展现了新时代中国青年人在践行社会主义核心价值观时的所见、所闻、所想、所做,为当代青年照亮奋斗道路。

(十一)《脱贫攻坚在路上》

由中央宣传部理论局、全国扶贫宣传教育中心、中共四川省委宣传部、四川广播电视台联合摄制的通俗理论对话节目《脱贫攻坚在路上》,于 2019 年 4 月 12 日 20:00 在中央电视台纪录频道首播,并于 4 月 13 日 22:00 在四川卫视播出。

《脱贫攻坚在路上》共四集,分别为《一个都不能少》《下一番"绣花"功夫》《幸福都是奋斗出来的》《撸起袖子加油干》。节目以学习宣传贯彻习近平新时代中国特色社会主义思想为根本主线,聚焦打赢脱贫攻坚战这一重大主题,深刻诠释中国共产党人的使命担当,恢宏展现推进脱贫攻坚的伟大历程,系统总结全球贫困治理的中国方案,深入探讨提高脱贫质量的方法路径,既有理论深度又有实践温度,既给人以信心又给人以力量。

该节目嘉宾阵容既"高大上"又"接地气",15 位访谈嘉宾、12 位基层干部群众代表、100 余名青年学子一起分享脱贫成就,深入探讨扶贫大计,共同展望美好前景。国务院扶贫办"掌门人"刘永富和来自重点社科机构、知名高等学校、重要部门(单位)的专家学者和负责人,从不同角度、不同方面对扶贫开发事业和脱贫攻坚工作进行了权威解读,为大家带来了精彩的思想盛宴。还有陕西梁家河村老支书、湘西十八洞村的"民宿管家"、大凉山悬崖村的"网络红人"、中国第一位藏族地铁女司机等基层干部和群众代表,结合他们的所见所闻和亲历亲感,表达了敢啃"硬骨头"的决心与信心,分享了过上好日子的喜悦与自豪,畅谈了对幸福美好未来的憧憬。

(十二)《自信中国说》

崛起的时代,自信就是力量。建党百年之际,由中共云南省委宣传部指导,云南广播电视台倾力打造思想理论节目《自信中国说》,诠释道路自信、理论自信、制度自信、文化自信,"传播科学理论、唱响中国特色、弘扬革命传统、践行讲话精神"。

《自信中国说》致力于开辟一个常态化的融媒体理论宣传阵地,栏目以理论的大众化宣传作为守正创新的亮点,重点推进理论宣传在传播手段和话语方式上的创新,让党的创新理论飞入寻常百姓家。栏目面向全国征集主讲人,以青年人的语态分享对新思想的学、思、践、悟,打造青年理论宣传明星,让理论和理论宣讲人在网上"红起来"。

(十三)《光荣的追寻》

2018年4月17日,《光荣的追寻》开机仪式在北京举行。该节目由海南省委宣传部主办、海南广播电视台重点打造,以"真挚的入党申请,不变的初心使命,让信仰成为民族复兴的力量"为主题,是省委宣传部为学习宣传党的十九大精神和习近平新时代中国特色社会主义思想而推出的国内首档以入党申请书为载体的党建理论讲述类节目。

节目以陪伴的视角、分享的姿态,用电视的语言、舞台化的艺术表现形式将无声的文字转化为有声的力量。中国有8 900多万名中国共产党党员。《光荣的追寻》从8 900多万名党员的入党申请书中,选取了具有代表性的20个坐标,定位了20段人生,通过有温度的入党申请书,解读有担当、有信仰、有国家大义的党员人生,彰显新时代中国特色社会主义发展的时代力量。

节目邀请知名主持人敬一丹作为 20 份入党申请书的"开启人",通过邀请当事人走进演播室讲述鲜活故事的方式,解读一段段有担当、有信仰、有国家大义的党员人生。《光荣的追寻》制片人、主持人冯硕介绍,近两年来,朗读类、讲述类节目人气攀升,因此节目选择了以这样的观众喜闻乐见的形式展开,通过一个个生动的真实故事打动观众的心。《光荣的追寻》中不仅有感人至深的奋进故事,还邀请专家、学者、青年党员作为追寻观察员,用中国理论回答中国问题,用新鲜思考对话理论实践,用互联网思维解读理论热点。

(十四)《理响中国》

《理响中国》是由中共山东省委宣传部、中共山东省委讲师团、山东广播电视台联合推出的山东首档电视理论栏目。为学习宣传十九大精神,山东广播电视台创新开设的大型理论竞赛节目《理响中国》,把十九大的新思想、新理论传播到千家万户。

党的十九大召开后,各地掀起了学习十九大报告,认真落实十九大精神的热潮。山东对此高度重视,除了常规性学习外,还充分利用广播电视等大众媒体传播平台,力争使十九大精神的贯彻落实更加入脑入心。《理响中国》是一个宣讲十九大精神的创新平台。

虽然《理响中国》是全国首档十九大理论电视竞赛栏目,但并不深奥、枯燥、难懂,而是生动、活泼、新颖,"既考察报告原文,也考察选手运用新思想、新理论解决实际问题的能力"。三大板块"据理力争""以理服人""言之有理",都是围绕十九大报告和习近平新时代中国特色社会主义思想来设计的。节目通俗易懂,能使观众迅速地接受、吸收、理解,进而转化为实际行动。

参赛选手来源广泛,既有基层的道德宣讲员、理论宣讲员,还有大学生、青年教师等,他们都是感恩、青春、爱国的榜样和代表。在《理响中国》的舞台上,这些年轻的后起之秀结合自身实际和节目主题,讲述自己的成长。基层宣传员最知广大群众的所思所想,而大学生、青年教师更知道如今的年轻人需要什么,怎样才能把十九大精神变成年轻人易于接受、喜闻乐见的内容。只有把握好年轻人的心理,才能把十九大精神讲透彻、讲明白,并使更多的人把精神变为行动。

而通过齐鲁网、闪电新闻客户端同步直播、点播,线上、线下全方位互动,这种传播面的影响力更是不可低估。齐鲁网是国家重点新闻网站、山东第一视频门户、山东主流网络新媒体,也是山东省委省政府指定的新闻发布权威平台、山东省政府新闻发布会图文视频多媒体同步直播媒体,同时也是山东广播电视台旗下山东卫视等十九个广播电视频道在互联网上的内容播出平台和官方网站。《理响中国》开办仅一年多,收视率就跻身全国先进行列。

事实证明,山东在认真贯彻落实党的十九大精神上不遗余力,使该节目讲出了创新,并深入了人心。创新式的《理响中国》增强了学习宣传的吸引力,让参赛者、现场观众,以及观看的所有观众由"被动听"变为"主动学",扩大了宣讲的受众面。创新的方式,让十九大精神管用有效,把人们对新时代美好生活的期望化为现实中的点滴努力,真正做到了"据理力争""以理服人""言之有理"。

诚如《理响中国》栏目嘉宾评委、中共山东省委党校副校长孙黎海所言:"通过这样一种喜闻乐见的方式,迅速地把十九大精神传递到社会的各个层面,让大家迅速地接受、吸收、理解,进而转化为大家的行动,通过大家的行动,我们把十九大确定的目标不断地推向前进。"这说明,宣传好十九大精神,形式可以多种多样。广大群众十分关心十九大,热切渴望了解十九大精神,只要形式受欢迎,效果就会很好。

《理响中国》针对不同的受众,开展多种方式宣讲,就是在"量体裁衣"地播撒核心价值的"种子",使十九大精神更加深入人心。有理由相信,《理响中国》的这一创新方式,必将使十九大精神传播得更生动、更贴切、更接地气。

(十五)《好好学习》

《好好学习》以推进当代马克思主义通俗化、大众化、电视化、时代化为宗旨,深入宣传普及党的十九大精神,特别是习近平新时代中国特色社会主义思想。《好好学习》栏目以党的十九大精神进企业、进农村、进机关、进校园、进社区、进军营、进网络"七进"要求为契合点,突破传统思维,大胆创新,以寓教于乐的活泼方式,把理论宣传与火热实践有机结合起来,让理论学习宣传真正深入基层、贴近百姓、贴近实践,把"有意义"理论做得"有意思"起来。

用系统化、主题化的节目思维夯实《好好学习》的内容。努力做好对习近平新时代中国特色社会主义思想的学习宣传是新闻媒体的一项长期政治任务。对于理论节目而言,做好这项工作的核心就是要夯实节目内容。《好好学习》的做法是用系统化、主题化思维谋划节目,让节目有章可循、有迹可探、有事可挖、有人可树,唱响时代主旋律。

用融合式形态活化《好好学习》外壳。党的十八大以来,据不完全统计,全国的电视理论节目大概有 20 多档。就理论节目来说,想让节目既有意义又有意思,让节目活起来、传开去是不容易的,各家广播电视台也积极创新节目表达形态,想了不少办法。

吉林广播电视台在理论节目建设方面起步比较早,曾于 2016 年就开办了周播理论栏目《有理讲理》,积累了一定经验。对于如何在理论节目内容、形态语态等方面实现创新突破,如何让理论宣传变得生动活泼起来,《好好学习》的做法是用融合式形态活化《好好学习》外壳。为了创新升级节目形态,《好好学习》采纳栏目创意指导、电视节目创新研发专家冷淞及其研发团队的建议。《好好学习》还加强了节目的任务发布(预习)环节、体验式探访(学习)环节、总结盘点(复习)环节等内容呈现。通过学习环节的改进完善,充分发挥"好老师"的理论阐释指导作用,充分调动"好学生"探访学习的能动性,让学习成为一种双向过程,让节目的学习思路更加通畅合理,更加符合观众的接受心理,从而增强节目的传播效果。节目中,"好好学习"的主体是"好学生"。目前,《好好学习》做出的另一大升级改变就是增加对学习探访环节的设计——"好学生"采用"一名记者型主持人或记者+一名某一领域相关人士"的组合模式,"好学生"要观察、体验、总结,避免因为采访技巧、专业上的局限影响节目学习效果。同时,要求"好学生"采取沉浸式、调查式、体验式的学习方式,录制"学习视频日记"对学习探访过程进行跟踪记录,改变那种导演式、场景化、走马观花式的探访,让"好好学习"更有说服力。

用融媒体手段扩大《好好学习》覆盖面。全媒体时代,评价、检验一档节目质量的标准只是盯着节目内容品质已远远不够,要立得住、叫得响,更要传得开,这是一个相辅相成的节目创作逻辑。这就要求在把握好节目品质的同时,研究好节目的融合传播。《好好学习》自创办以来,一直很看重这方面的工作。其注重利用台、网、端、微等新媒体平台立体强化节目的宣传推广力度,营造宣传声势;将节目的完整视频及细分制作的小视频,在新华网、腾讯、新浪、搜狐、抖音、西瓜等网站及百度百家号等公众平台上进行传播,与电视播出平台形成互补效果。为配合节目播出,《好好学习》还推出了视频动态海报、H5等系列推广内容,在"学习强国"吉林学习平台上推送了多期专题节目,并获得了不错的点击率。节目在吉林省"新时代 e 支部"App 平台点击量超过270万次。

(十六)《有理讲理》

吉林电视台的《有理讲理》大型理论宣传栏目自 2016 年 4 月推出以来,以推进马克思主义中国化、时代化和大众化为宗旨,不断创新节目内容和表达方式,邀请社科理论大家、名家进行"大咖传道",把握好"谁来讲""讲什么""怎么讲""如何传"几个关键问题,在"能接受、有意思"上下功夫。

节目播出以来取得了良好的传播效果。《有理讲理》的一个核心思路就是要突出做好对党的十八大以来,党的创新理论,特别是习近平总书记系列重要讲话精神的宣传阐释。总书记系列重要讲话是中国特色社会主义理论体系的最新成果,是当今时代最鲜活的马克思主义,这也为《有理讲理》提供了理论支撑。在节目内容呈现上,《有理讲理》做到了巧设议题、理性分析、正确引导、润物无声。比如《有理讲理》之"维为道来"系列节目,通过把"中国道路""中国自信""西方民主"等大议题拆分成"从指标体系创新读懂中国崛起""中国梦与美国梦的比较"等小主题,将理论话题与具体事例联系在一起,讲故事、说道理,解答人们的现实困惑,在理论宣传和观众兴趣之间找到了平衡点。

在节目中,主讲嘉宾张维为在研判社会现象和社会问题时,善于运用马克思主义的立场观点,透过现象分析本质,为广大观众正确分析问题、认识世界打开了一扇窗口。让深奥的理论变得生动鲜活,让有意义的事物更有意思,以此达到澄清谬误、成风化人的目的,这也是节目创作的初心。

当下,人们接受信息呈现出新的特点,理论宣传要实现更好的传播实效,靠传统媒体的单一方式已经远远不够，必须与新媒体协同作战。《有理讲理》栏目广泛依托中国吉林网、观察者网、吉林电视台"两微一端"等新媒体平台进行全媒体传播。《有理讲理》还借助"JLTV有理讲理"微信公众号，精心设计推送内容，扩大节目在"朋友圈"的影响力。《有理讲理》还把节目拆分成精彩片段，利用"两微一端"进行传播，把传统传播平台与新媒体巧妙结合起来。

（十七）《改革开放　关键一招》

《改革开放　关键一招》是由中共中央宣传部理论局、中共北京市委宣传部、北京广播电视台联合出品，北京卫视《档案》栏目承制的七集通俗理论电视节目。

2018年12月10日22:30，《改革开放　关键一招》在中央电视台新闻频道首播，次日在纪录片频道重播，并于12月11日21:15在北京卫视播出。

《改革开放　关键一招》共分七集，主题分别为《这个时代超级燃》《这个民主很有范儿》《中国文化很有味》《幸福就要稳稳的》《中国山水很养眼》《大国形象很有样》《中国共产党为什么能》，从经济、政治、文化、社会、生态文明建设以及外交、党的建设等不同维度，深刻阐述了改革开放是决定当代中国命运的关键一招，也是决定实现"两个一百年"奋斗目标、实现中华民族伟大复兴的关键一招。

（十八）《壮丽70年　时间都知道》

《壮丽70年　时间都知道》是一档大型通俗理论电视节目，节目从经济、民主、文化、民生、生态和中国道路六个维度出发，全方位展示并回顾了新中国成立70年以来中国共产党带领全国各族人民取得的伟大成就。

该节目于2019年10月21日21:20在北京卫视首播。主题分别为《中国经济之谜》《中国式民主之路》《中国文化何以自信》《遇见一个更好的中国》《美丽中国在行动》《踏平坎坷成大道》，从经济、民主、文化、民生、生态和中国道路六个不同维度，展现新中国成立70年来的辉煌巨变。

在六集节目中，谭江海、孙扬、李宗铭三位"时光寻访人"分别带领观众前往广东港珠澳大桥、西藏自治区山南市、云南贡山县独龙江乡、浙江义乌、吉林长春等地,从这些地方中独特的事物、人物、事件出发,以小窥大,将新中国成立 70 年来这幅波澜壮阔的变革画卷铺陈开来。

(十九)《中国共产党为什么能》

浙江卫视创新报道形式,推出电视理论专栏节目《中国共产党为什么能》,宣传党的主张,阐释党的创新理论,引导广大党员干部深刻领会习近平新时代中国特色社会主义思想的核心要义和精神实质。

党的十九大胜利闭幕后,宣传好党的十九大精神和习近平新时代中国特色社会主义思想,是主流媒体的职责使命。浙江卫视推出创新性电视理论节目《中国共产党为什么能》,通俗易懂地阐释了党的理论,使之"飞入寻常百姓家",受到广泛关注与好评。电视理论节目是通过视听化的表达手法宣传党的理论和路线方针政策,并力求通俗化解读的节目类型。电视理论节目的创作难点在于如何将相对抽象的理论内容进行大众化表达。浙江卫视《中国共产党为什么能》充分践行"对话理论"的相关主张,为电视理论节目的创新提供了可资借鉴的经验。从《中国共产党为什么能》的创作实际来看,作为党的政策主张的宣传者的创作团队没有选择"宣讲人'从头讲到尾'"或"主持人+专家"的传统电视理论节目模式,而是将群众直接"引到"宣讲人面前,搭建了一个直接的"面对面"交流平台。宣讲人想要说服坐在对面的群众,势必要转变"宣教式"或"一言堂"的表达方式,而具有对话性意味的话语表达方式成为一种现实选择,创作团队将宣传理论的文本塑造成具有"内在说服力"的文本,进而形成认同。《中国共产党为什么能》这档电视理论节目创新性地将传播主体与客体置于平等的"对话"层面,形成一种在"共同协商"基础之上的传播实践,通过复调型的电视文本与节目对话平台的搭建,传播主体与客体成为平等对话的双方,集体性参与和分享的传播成果凸显对话双方所建构出的共同性思考与共享性意识。

第二章
《凡事说理》的大众传播实践

对于理论类电视节目的起源,业界大多认可的说法是 1991 年深圳卫视打造的《世纪行——四项基本原则纵横谈》。历经二十多年的发展,偏重说教意义的理论节目走下神坛。面对年轻一代的电视观众,电视人开始探究该如何激发观众对于晦涩难懂的理论知识的关注和探索,甚至是主动学习的兴趣。

与其他类型节目相比,电视科学理论节目的特点是严谨、准确、权威。它担负着重要的理论传播使命,是我国传媒业重要的节目形态。但和其他节目形态相比,理论类电视节目因为专业性、严谨性、学术性等特性,在电视领域属于"冷门"题材,在受众接受度方面远远不及综艺、娱乐等让人轻松的电视节目类型。

电视科学理论节目作为一种独特的电视节目类型,在特定的宣传主题下,对社会热点事件、党和国家的重大政策进行深度又通俗化的解读,在我国的主流价值观宣传中扮演着重要的角色。电视科学理论节目形式多以主持人对话、嘉宾访谈、短片拍摄为主。电视科学理论节目因其特殊的节目内容,大多数不能容纳过多的娱乐因素,节目更加追求准确性和权威性,而非正式播出后的收视率。

2012 年 11 月,中国共产党第十八次全国代表大会召开,党和政府对于中国的建设和发展政策有了新的变化,亟待理论节目宣传党和政府的战略决策,深度解读这其中所蕴含的理论问题。电视科学理论节目是以把握正确导向,服务于党和国家建设,传递社会主义建设理论为宗旨的独立报道类型。

在这一重要的发展节点,一批电视科学理论节目兴起,《凡事说理》便在其中。

这一章将重点梳理《凡事说理》的创办与发展历程,对《凡事说理》开播至今的典型做法、先进案例进行分析,为同类型的电视科学理论节目提供制作参考,同时聚焦《凡事说理》的播出效果和影响,收集、整理《凡事说理》取得的成绩和 2020 年收视效果。

第一节 ｜《凡事说理》的创办与发展

《凡事说理》以推进科学理论大众化为宗旨,是一档着眼草根民生,运用马克思主义的立场、观点、方法分析问题,解决问题的高端深度访谈节目,自 2012 年 11 月开播以来,获得了良好的社会反响。这是利用电视手段深入开展理论宣传工作的一次积极尝试,符合中央理论宣传工作重点,具有非常积极的现实意义。

推进科学理论大众化,就是要架起理论与群众、政策与百姓之间的桥梁,

图 2-1　2013 年,《凡事说理》演播室录制现场

用理论赢得人心、赢得群众,用于指导实践。创办以来,《凡事说理》节目在传达党和政府的方针政策方面下功夫,邀请有关厅局领导、相关专家参加节目录制,针对群众关心的问题答疑释惑,把党的政策讲清楚,把对人民群众的利益安排讲明白,比如广西财政资金中民生支出的走向、广西的扶贫特点和扶贫方式等。《凡事说理》在理论宣讲面对面、下基层上下功夫,坚持面向基层、服务群众,围绕党的理论创新成果、重大理论热点问题、重要政策出台等方面,积极开展"理论下基层"活动,深入浅出地进行面对面宣讲,推动了理论的普及工作。

一、《凡事说理》的创办过程

当前我国正处于深化改革开放、加快转变经济发展方式的攻坚阶段,各种矛盾凸显,社会思想意识多元多样多变,对推进科学理论大众化提出了许多新的要求和挑战。如何充分利用电视媒体手段宣传、推广科学理论,是当前宣传工作需要面对的一个重大课题。

(一)《凡事说理》创办背景

在前面叙述的大背景下,一档凝聚了广西理论工作者和电视人的集体智慧的理论大众化电视节目《凡事说理》在党的十八大召开前夕成功推出。这是广西探索利用视听传播手段推进马克思主义大众化工作的一次大胆创新,为迎接党的十八大胜利召开营造了良好的思想理论氛围,为深入学习贯彻党的十八大精神搭建起了良好的理论宣传平台。《凡事说理》节目日益成为报道自治区党委、政府中心工作、重大决策重要的理论宣传阵地,得到了自治区各厅局单位的高度关注和热情参与,为相关部门和广大观众之间搭起了一座深入沟通交流的桥梁。从十八大到十九大,《凡事说理》始终紧随科学理论的变化,不断创新节目架构,用新颖的手法将新鲜资讯分享给广大受众。

"节目怎样做才能吸引观众? 又怎样才能避免节目枯燥,让观众能看、爱看?"许许多多的问题接踵而至,令节目主创人员颇费脑筋。为此,广西多次组织马克思主义研究领域的专家学者与广电节目资深制作人、编导等进行广泛、深入的研讨。大家认为节目应定位于"科学理论大众化访谈节目",紧扣改革发展的重大理论和实践问题以及人民群众普遍关注的热点、难点问题,通过嘉宾访谈的形式,深入解读党和政府的政策措施,析事明理,引导人民群众自觉运用马克思主义的基本立场、观点和方法分析问题、解决问题,在生活和工作中保持理性,在重大问题上与党中央保持思想上、行动上的高度一致,展现科学理论的生机与活力。

明确了节目的基本定位,主创人员围绕节目的命名展开了激烈的讨论。有专家指出,这是一档电视理论节目,节目名称中必须要有一个"理"字,这也是节目日后努力的一个方向。而且,这个"理"应当用"说"的形式来表现,就是几个人一块在演播室就某个话题展开讨论,大家思想交汇,观点碰撞,在激烈的话语交锋中说明道理,形成共识,因此节目名称中最好有"说理"二字。顺着这个思路,"凡事说理"作为节目名称就确定了下来。所谓"凡事"有两层含义:一是指所有的事情,二是指平凡的事情。也就是说,节目名称意味着人世间所有的事情皆有道理,而在平凡的事情中我们也应当能发现道理,说出道理。

一开始,栏目组对于节目做什么认识比较简单,会把一些马克思主义观点生搬硬套拉过来,在电视屏幕上用较大的字体标示出来。如此表达,过于生硬,对于马克思主义观点、方法的运用也很片面。在第一次专家审片的时候,片子被批评得体无完肤,没有通过。于是,《凡事说理》栏目主创人员认真收集专家意见,重新构思节目样态。

主创人员认为,大众有自己的理论,主导他们观念和行为的就是活在他们心中的理论。大众又是聪明而挑剔的,对于那些故弄玄虚、故作高深的东西,对于那些不切实际、不着边际的东西,往往会表示"不感冒"而转头走开。要成为大众的理论,首先要让大众听得进去。说的不是大众的事,表的不是大众的情,大众怎么会感兴趣? 不关切大众的关切,不了解百姓的现实生活与内心世界,又如何切得准大众的思想脉搏?

后来,栏目组从中宣部理论局出版的"理论热点面对面"系列读本《从怎么看到怎么办?》《辩证看　务实办》《七个怎么看》等刊物中得到启发:群众路线是理论工作的生命线,有了为民情怀、现实思考、朴实文风,就能激扬起理论"活的生命"。书里没有照搬硬道理,站的是群众立场,想的是群众利益,在乎的是群众感受。从这个角度出发,大家觉得,做好《凡事说理》节目就要走好群众路线,让思想接地气,使表达有情感,以平民视角,聚焦现实问题。

图2-2　2013年,《凡事说理》主创人员演播室讨论现场

推进理论大众化,就是要架起理论与群众、政策与百姓之间的桥梁,用理论赢得人心、赢得群众,将理论用于指导实践。创办以来,《凡事说理》节目做出了有益的探索和尝试。

(1)真实表达群众的利益诉求。理论的吸引力,关键在回应群众关切,解开大众疑惑。做好科学理论大众化电视理论节目,首要问题就是站稳群众立场,贴近群众需求,增进群众感情,体察群众生活,回应群众关切,表达群众利益。自说自话、自问自答,只能导致曲高和寡、孤芳自赏。当今社会变化纷繁复杂,新老问题不断涌现,在节目题材的选择和制作上,必须针对不同群体、不同阶层的利益需求,在理论上给出有针对性、有说服力的答案,理论才能获得站得住、打得响的重要支点,人民群众才会真学、真信、真用科学理论,科学理论大众化才能真正落到实处。

(2)为广大群众所喜闻乐见。做好科学理论大众化电视理论节目,一定要在节目形式上下功夫。好的形式可以让广大群众喜闻乐见,在潜移默化中接受并认同马克思主义的立场、观点、方法。节目形式要通俗、鲜活。在这里,通俗不等于肤浅,浅显不等于浅薄,"深入浅出"方显大家风范。老百姓使用的都是与生活紧密相连的、鲜活的日常语言。科学理论要真正让老百姓听得懂、听得进、记得住,就必须使用这样的语言。在节目访谈中,要学会掌握方法、技巧,采用启发式、案例式、讨论式、参与式等多种方式努力增强理论节目的亲和力、感染力。

(3)汇聚多方声音,形成共识。利用广播电视宣传科学理论的优势在于形象直观、传播面广。做好电视理论节目,使节目生动说理,就不能只是简单宣讲,而应当汇聚各方声音,在思想的交汇、语言的激辩中向观众传递正能量。这类节目既要注重专家队伍的建设,又要有意识地选择有一定理论水平的基层党员和干部作为嘉宾参与节目,更多地由他们宣讲理论,教育和引导群众,把马克思主义最大限度地传播到群众中去。

(4)理论创新,指导群众实践。开办科学理论电视化节目最重要的功能就是通过电视节目将科学理论的立场、观点、方法介绍给广大观众,帮助他们在日常生活中自觉使用科学理论这一思想利器来分析问题、解决问题。可以说,这是开办《凡事说理》节目的初衷。理论源于实践,用于指导实践,又要经受实践的检验。电视理论节目一定要从广大群众丰富的实践中选取题材,做好理论宣讲和创新工作,进而有效指导群众实践,为推进当代中国马克思主义与时俱进、创新发展贡献力量。

(二)《凡事说理》升级改版

在2019年,《凡事说理》创办七年后,为适应新时代、新任务、新要求,切实做好习近平新时代中国特色社会主义思想的宣传阐释工作,推动党的创新理论"飞入寻常百姓家",精心打造广西理论宣传大众化平台,节目进行了一次较大规模的改版,从内容和形式上对原有节目架构进行了升级和改造。

图2-3 2013年,《凡事说理》主持人许菲演播室现场

1. 内容上突出重点

第一,以宣传习近平新时代中国特色社会主义思想为核心,做重点选题策划。紧紧围绕习近平总书记发表的重要讲话精神,紧跟新时代,持续推出新专题。例如可结合习近平总书记主持召开学校思想政治理论课教师座谈会时发表的重要讲话精神,阐述新时代学校思想政治理论课建设的重要意义;结合习近平总书记主持召开中央全面依法治国委员会第二次会议时发表的重要讲话精神,系统阐释全面依法治国新思想新战略新实践等。

第二,围绕习近平新时代中国特色社会主义思想和"金句",打造一批随时听、易学习、时尚化、生活化、贴近性强的系列广播产品、融媒体产品。

第三,加大力度邀请国内优秀专家学者到广西,或现场宣讲,或访谈,从某一个方面深入阐释习近平新时代中国特色社会主义思想。争取各高校和科研机构,特别是广西10个马克思主义理论研究和建设工程基地,能够将外请专家资源与广西台共享。

第四,加强与广西各大院校的合作,组建理论节目专家库,并与高校马列学院共建理论学习研讨基地,共同探索马克思主义中国化、大众化以及习近平新时代中国特色社会主义思想的宣传阐释,真正让理论节目对年轻人具有吸引力。

第五,根据宣传工作重点,每年策划一个重点项目,以季播形式推出。如2019年是新中国成立70周年,栏目组以此为契机,策划"人民公开课"特别节目,深入阐释习近平总书记以人民为中心的发展思想。

第六,针对机关干部、企事业单位职工,推出线上线下伴随性收听收看的大众化理论节目。尤其结合各地理论学习中心组的学习成果,推出贴近当地、贴近干部、贴近生活的理论节目,化理论指导为实践检验。

2. 形式上创新手段

第一,《凡事说理》不局限于演播室访谈,根据内容需要,把专家邀请到高校、机关等场所进行现场宣讲。

第二,《凡事说理》升级栏目包装,例如制作全新的栏目片头、改进演播室设计等。

第三,《凡事说理》继续保留在广西卫视和新闻频道的播出平台和时段,但是减少新节目的数量,集中精力做好精品节目。

第四,《凡事说理》与广播《说事论理》共享资源,内容整合,比如共同邀请嘉宾、共同策划线下活动等。例如组织校园舞台剧《信仰的力量》进校园、进机关等活动,发起并组织广电媒体马克思主义大众化理论节目研讨会及采风活动,组织全国开办理论节目的广电同行到广西交流研讨。

二、《凡事说理》的节目特色

这一章节将按照电视制播流程,梳理《凡事说理》的节目特色,主要从选题策划、短片拍摄、现场录制、后期制作、播出计划等角度进行。

图2-4 2020年,《凡事说理》在广西南宁市邕宁区的录制现场

(一) 选题策划

新闻选题策划是指新闻采访报道策划,是为了达到某种传播效果,对具体新闻事实的报道所做的设计与规划。

好的题材是节目成功的关键,也是生动说理的载体。选准题材,就要从百姓关心的热点问题出发。题材选择要凸显人文关怀,以解决思想问题与解决实际问题相结合的态度对民生问题进行深入剖析，不回避矛盾，尤其是人民群众关切的利益问题，帮助人民群众自觉运用马克思主义的立场、观点和方法正确看待和解决现实问题。

在题材的选择上，栏目组对于广大人民群众正当的利益诉求，要允许其充分表达，并学会结合形势，利用政策教育的方法积极引导广大群众正确看待社会问题；对人民群众进行正常的监督和批评，要予以支持，并加以正确引导；对选题中涉及的政治原则问题，要立场坚定、旗帜鲜明，决不掉以轻心、听之任之。

《凡事说理》栏目组根据各个重要事件的节点，预先做好选题计划，先后就文明出行、大学生就业、学前教育、春运、六景治堵、社会保障、住房、食品安全、就业、诚信、教育公平、消极腐败现象等群众普遍关心的社会热点、难点话题进行了深度解读，用理论答疑释惑，用实践解决问题，从而凝聚共识，增加发展的正能量。例如，《凡事说理》栏目组在 2019 年 3 月就制定了全年选题计划，用三条主线串联起一整年的节目，实现有的放矢，精准发力。

首先是以学习宣传贯彻习近平新时代中国特色社会主义思想为核心做重点选题策划。紧紧围绕习近平总书记新近发表的重要讲话精神，紧跟新时代，持续推出新专题。计划每月播出两期，主要内容有八大块。一是全面依法治国。习近平总书记主持召开中央全面依法治国委员会第二次会议时发表的重要讲话精神，系统阐释全面依法治国新思想新战略新实践。二是加强思政课教师队伍建设。习近平总书记主持召开学校思想政治理论课教师座谈会时发表了重要讲话，阐述了新时代学校思想政治理论课建设的重要意义。三是习近平生态文明思想。用事例深刻领会习近平总书记从首次提出"绿水青山就是金山银山"的发展理念，到形成生态文明思想的过程，讨论在习近平生态文明思想指导下，如何攻坚克难，推进生态文明建设，建设美丽中国。四是农业优先发展。习近平总书记多次强调，实施乡村振兴战略，必须坚持农业农村优先发展这个总方针。全国两会期间习近平总书记参加河南代表团审议时再次强调，要坚持农业农村优先发展。五是促进民营经济发展。2018 年以来，"民营经济"成为热词，围绕我国民营经济发展过程中的痛点、难点，深入阐释习近平总书记关于民营经济发展的讲话精神，探讨怎样帮助民营企业攻坚克难。六是深化金融体制改革。2019年2月22日,习近平总书记在中共中央政治局就完善金融服务、防范金融风险举行第十三次集体学习时强调,要深化对国际国内金融形势的认识,正确把握金融本质。在总书记关于金融问题的论述的指引下,深化金融体制改革,防范重大风险。七是深化监察体制改革。2019年第5期《求是》发表习近平总书记重要文章《在新的起点上深化国家监察体制改革》。在总书记讲话精神的指导下,探讨了国家监察体制为什么改、怎么改,国家监察权该怎么用等问题;八是习近平强军思想。党的十八大以来,习近平总书记提出一系列强军指导思想。在强军兴军思想指引下,推进军队改革,加快军民融合发展,加强政治建军,加强党的领导等。

其次是坚决打赢脱贫攻坚战。围绕广西脱贫攻坚工作面临的产业扶贫、易地扶贫搬迁、村集体经济发展、基础设施建设和粤桂扶贫协作五场硬仗,结合脱贫攻坚的成功实践案例、面临的一些问题等,深入阐释习近平总书记关于扶贫工作的重要讲话精神,每季度一期。

最后是"人民公开课"特别节目。庆祝中华人民共和国成立70周年特别节目"人民公开课",系统阐释习近平总书记以人民为中心的发展思想,计划制作六期节目。

栏目组从常规节目选题和特别节目选题两个方面,对《凡事说理》的选题策划进行分析。

1. 常规节目选题

栏目组梳理了2017年至2020年《凡事说理》播出的节目。2017年,《凡事说理》共播出55期节目;2018年,《凡事说理》共播出51期节目;2019年,《凡事说理》共播出53期节目;2020年,《凡事说理》共播出48期节目。常规节目选题主要分为三类。

第一,习近平新时代中国特色社会主义思想。

2017年6月25日至7月23日,连续五期节目聚焦"五个扎实",分别为《扎实推进经济社会持续健康发展》《扎实推进现代特色农业建设》《扎实推进民生建设和脱贫攻坚》《扎实推进生态环境保护建设》《扎实建设坚强有力的领导班子》。

2018年1月28日至2月11日,节目以"聚焦乡村话振兴"为主题,做了三期节目:《农业"接二连三" 深化城乡融合发展》《以绿色发展助推乡村振兴》《让乡风文明成为乡村振兴的软实力》。6月24日至8月5日,节目以"学习进行时"为主题,做了六期节目,分别是《学习新思想 担当新使命》《理论宣讲接地气 凝心聚力新时代》《传统文化让民族复兴之路更加光明》《继承发展中华优秀传统文化》《用信仰书写青春》《为青年实现人生出彩搭建舞台》。

2019年,党内一项重要的政治任务是进行"不忘初心 牢记使命"专题学习。7月7日至9月15日,《凡事说理》陆续播出了四期以"不忘初心 牢记使命"为主题的节目,分别是《不忘初心再出发》《坚守初心不忘本》《推进党的自我革命走向深入》《循〈条例〉推动宣传思想工作守正创新》。

节目《"两山论"引领绿色发展之路》走进邕宁——全国第二批、广西第一个"两山论"实践创新基地,邀请广西社科院研究员柯丽菲到吴茱萸种植基地和沃柑种植基地进行实地调研,与种植户面对面交流,在展现邕宁"两山论"转化成果的同时,进一步展示了习近平新时代中国特色社会主义思想在广西的实践。

图2-5 2020年,《凡事说理》在广西南宁市邕宁区录制
"两山论"特别节目

　　节目《走好新时代的长征路》以宣传贯彻落实习近平总书记对黄文秀同志先进事迹作出重要指示一周年为主题，邀请广西区委党校尹红英副教授来到乐业县百坭村走访调研，以"调研短片+户外访谈"的形式，着重展现在总书记重要指示精神指引下百坭村一年来发生的变化。

图2-6　《凡事说理》在黄文秀生前工作的地方——
广西乐业县百坭村录制现场

　　节目《全面建成小康社会　一个民族都不能少》以习近平总书记对广西毛南族实现整族脱贫作出重要指示精神为主题，邀请广西财经学院陆义敏副教授来到环江，看毛南族的变化，听群众脱贫后的欣喜，向群众宣传习近平新时代中国特色社会主义思想，让理论入耳入脑入心。

　　第二，广西壮族自治区党委、政府中心工作。

　　"三月三"是壮族的盛大节日，广西放假两天，通过丰富多样的形式，欢度佳节，营造欢乐喜庆的节日氛围。同时，广西也以"三月三"为契机，大力发展配套旅游项目和产业，使节日和旅游深入融合，经济效益和社会效益双丰收。为此，2017年4月2日、4月9日，《凡事说理》在"三月三"假期来临时推出两

图 2-7　《凡事说理》在黄文秀生前工作的地方——
广西乐业县百坭村录制现场

期节目《传承传统节日　写好广西故事》《从"壮族三月三"看品牌效应》,从传统文化、历史故事、旅游收入、品牌效益、群众幸福感等多个角度,分析了现行"三月三"活动推广的优势和不足,对未来的发展提出建议。

2018 年,是广西壮族自治区成立 60 周年。在庆祝仪式上,习近平总书记发来贺信,并题词:"建设壮美广西,共圆复兴梦想。"为贯彻习近平总书记重要讲话精神,《凡事说理》于 10 月 21 日至 12 月 23 日,连续推出九期节目,聚焦"庆祝改革开放 40 周年　自治区成立 60 周年"。九期节目分别是《农村改革试验区　改革先锋见证历史》《村民自治创造幸福生活》《从冬寒料峭到春暖花开》《从边陲小城到开放前沿》《国企改革篇|挺立潮头再出发(上集)》《国企改革篇|挺立潮头再出发(下集)》《从手工农具到国六发动机　创新驱动玉柴"脱胎换骨"》《"一事通办":优化再造流程　创新服务模式》《让土地发挥最大效益》。

时任广西壮族自治区党委书记鹿心社于 2019 年 3 月 18 日在全区省级领

导和厅级主要负责同志专题研讨班上作重要讲话。他呼吁广西要思想再解放,改革再深入,创新再提速,开放再扩大,决不能在千帆竞发的区域发展面前无动于衷、无所作为。广西要发展,重担落到我们每一个人的身上,应该怎么办?《凡事说理》栏目与广西区委党校、百色干部学院共同策划了解放思想大讨论特别节目。

5月6日,在广西区委党校,来自全区各地的第40期中青年干部培训班学员参与解放思想大讨论节目的录制。学员们积极参与,踊跃发言,就"广西要发展,我该怎么办"、怎样"做解放思想的'尖兵'"两个问题发表自己的看法。广西区委党校黄增镇和吕勇两位副教授作为特邀嘉宾,引导大家深刻认识解放思想的相关内容。

5月31日,《凡事说理》栏目组与百色干部学院策划并组织了一场关于解放思想的辩论会,第三期全区选调生党性修养专题培训班学员都是毕业于985高校的硕士、博士,在广西工作多年,理论基础扎实,实践经验丰富。围绕"解放思想中'胆量'和'见识'哪个更重要"和"解放思想要先破再立还是边破边立"两个辩题,各位学员畅所欲言,激烈交锋。同时,栏目组邀请自治区政府参事、百色干部学院特聘教授黄健和百色干部学院教授刘宏凯对学员们的辩论进行现场点评,并在理论层面进行深入分析。

2019年5月19日至6月16日,《凡事说理》播出四期节目,分别是《广西要发展 我该怎么办》《做好解放思想的"尖兵"》《胆量与见识,哪个更重要?》《"先破再立"还是"边破边立"?》。

2020年11月20日,广西壮族自治区人民政府批准融水苗族自治县等八个县退出贫困县序列,广西实现贫困县全部摘帽。9月13日开始,《凡事说理》围绕"走向我们的小康生活",陆续推出《好一朵横县茉莉花》《边境线上的小康路》《加强边疆治理 助力全面小康》《大石山区的"美丽变身"》四期节目。

第三,社会热点和难点问题。

2020年2月至5月,节目选题主要关于抗疫,多角度展现全国上下在这场没有硝烟的战役中的做法、成绩与感人事迹,播出的五期节目分别为《众志成城 共同战"疫"》《战"疫"勇敢担当 青春不负韶华》《防疫不松劲 复工加把劲》《抗疫——一堂生动的爱国主义教育课》《全球战"疫"中的中国担当》。

图 2-8　2020年,《凡事说理》在广西横县(现为横州市)录制现场

　　广西壮族自治区党委、政府高度重视、支持民营企业发展工作。2018年,广西印发《关于进一步深化改革创新优化营商环境的若干意见》,形成由1个主文件、14个配套文件构成的优化营商环境政策文件体系,聚焦广西营商环境最迫切、最急需解决的问题,提出一系列政策措施。① 2019年2月24日、3月3日,《凡事说理》以改善营商环境、扶持民营企业发展为主题推出两期节目,分别为《聚焦广西工业高质量发展　强龙头　补链条　聚集群》《百日攻坚　持续优化营商环境》。

　　2. 特别节目选题

　　第一,党的十九大特别节目。

　　2017年11月12日至12月17日,《凡事说理》推出解读党的十九大系列报道,题目分别为《新思想:习近平新时代中国特色社会主义思想》《新方位:中国特色社会主义进入新时代》《新使命:实现中华民族伟大复兴的中国梦》

────────────

① 法治"红利"最安民企心[N].广西日报,2020-12-21.

《新征程：新时代中国特色社会主义的战略安排》《新台阶：建设现代化经济体系》《新生活：着力保障和改善民生》。

　　为深入学习贯彻十九大精神，《凡事说理》节目在北京设置演播室，邀请中央党校、中国社科院、国防大学等国内权威专家进行现场访谈，深入解读十九大精神。节目分六集，分别以"新思想""新方位""新使命""新征程""新台阶""新生活"为中心思想。同时，节目邀请中国社科院专家来到南宁演播室，与广西专家一道，围绕"十九大与改革开放"的话题进行访谈，深入解析广西过去五年的成就和未来五年的发展机遇，探讨在十九大精神的指引下，如何建设一个更加开放的新广西。同时还邀请了清华大学马克思主义学院院长艾四林来到演播室，围绕十九大报告中习近平总书记对青年的寄语和期望展开访谈，解析新时代赋予新青年新的机遇，而新时代也召唤担大任的新青年，青年人该如何把握人生，勇做时代的弄潮儿，在实现中国梦的伟大实践中放飞青春梦想、书写人生华章。

　　《凡事说理》节目继续坚持送理论下基层。为向基层群众宣讲十九大精

图 2-9　2017 年，《凡事说理》深入广西百色市农村宣讲党的十九大精神

神,节目组特别策划了两期"新时代的讲习所"的节目,利用百色讲习所的形式,邀请基层理论讲习员进农家、进工地、进社区,用乡音土话向老百姓传达十九大精神。

第二,马克思诞辰200周年特别节目。

为纪念马克思诞辰200周年,学习贯彻习近平总书记在纪念马克思诞辰200周年大会上的讲话精神,2018年《凡事说理》栏目制作了电视理论访谈节目《马克思与新时代》,包括《马克思:原来你是这样的人》《马克思的思想:究竟说了什么》《马克思主义:何以改变世界》《当代中国马克思主义:迎来新时代》四集内容。

四集的内容各有侧重。第一集《马克思:原来你是这样的人》讲述马克思作为一个好儿子、好丈夫、好父亲、好朋友的故事,以及这些经历对于他后来思想的发展起了怎样的作用,他的一生对于今天的青少年有哪些值得学习的地方;第二集《马克思的思想:究竟说了什么》讲述马克思是如何开展哲学研究,又是如何走上革命道路的,他的思想涉及哪些方面,对现代社会有何借鉴;第三集《马克思主义:何以改变世界》讲述《共产党宣言》发表的背景、世界影响、时代意义,以及马克思主义何以改变世界,产生了哪些深远影响,其当代价值体现在哪里;第四集《当代中国马克思主义:迎来新时代》讲述马克思与中国的渊源、马克思主义中国化的过程,以及新时代我们应该怎样坚持和发展马克思主义。

这次特别节目,邀请了三位重磅嘉宾参与录制。陈培永,哲学博士后,北京大学马克思主义学院研究员,马克思主义理论研究和建设工程首席专家,六集电视理论节目《社会主义"有点潮"》主要撰稿人、主讲人;陈媛,博士,广西民族大学马克思主义学院院长、教授,广西文化名家和"四个一批"人才;卢永欣,博士,广西大学马克思主义学院副教授,广西高等学校千名中青年骨干教师培育计划首批入选者。

为制作好这次特别节目,《凡事说理》栏目组精心筹划,从四个方面着力,提升节目质量。

首先,节目主题突出明确,内容结构层次明晰,在讲述马克思生平故事的基础上更加注重理论性和思想性的表达。节目以《马克思与新时代》为主题,

图 2-10 2018 年,《马克思与新时代》录制现场

图 2-11 2018 年,《马克思与新时代》录制现场

全面讲述马克思的成长和马克思主义日渐成熟的发展历程。围绕"马克思到底是个怎样的人,马克思的思想究竟包括哪些内容,马克思主义是不是过时了,怎样理解马克思主义的当代价值,马克思主义何以改变世界,当代中国马克思主义为什么是对的"等问题开展访谈,重温马克思的感人故事,探讨马克思主义的当代价值。

2018年4月底5月初,全国多家电视台推出了纪念马克思诞辰200周年的节目,例如中央电视台的《不朽的马克思》以电视纪录片的形式再现马克思和他的战友们为人类解放事业奋斗终生,矢志不渝躬身理论研究和革命实践的人生画卷。在央视播出的江苏省委宣传部制作的《马克思是对的》既有故事讲述,也有互动问答,采用由青年学生代表来讲述马克思的生平故事的形式。专题片《寻访马克思》的亮点之处则在于在伦敦马克思旧居、马克思墓地联合进行新媒体直播。

在策划《马克思与新时代》节目之初,编导组与专家精心选择了与马克思的成长经历和思想成熟过程息息相关的典型故事、生动细节,同时注重思想性和理论性。例如,在讲到马克思的思想的成熟过程时,举例黑格尔、费尔巴哈等,他们既是马克思的朋友,又是他的对手,与对手的不断交锋,成就了一个伟大的马克思。还有,怎样去理解马克思17岁就写下的"为人类幸福而工作"的志向,为什么马克思的墓志铭是"哲学家们只是用不同的方式解释世界,问题在于改变世界"等,嘉宾用幽默的语言、生动的事例帮助观众去理解。

其次,主讲嘉宾与策划专家合二为一,易于实现嘉宾深厚的理论功底的通俗化表达。《马克思与新时代》作为纪念马克思诞辰200周年特别节目,特邀马克思主义理论研究和建设工程首席专家、北京大学马克思主义学院研究员陈培永,广西民族大学马克思主义学院院长、教授陈媛,广西大学马克思主义学院副教授卢永欣,作为节目的主要策划人、撰稿人和主讲人。主讲嘉宾观点新颖,阐述精彩且深入浅出。

陈培永是80后哲学博士后,出版了《当代马克思主义为什么是对的》等多部专著,在《人民日报》《光明日报》等刊物上发表过几十篇理论文章,是理论新秀。同时他也有丰富的电视经验,曾是六集电视理论节目《社会主义"有点潮"》的主要撰稿人、主讲人,也是央视播出的节目《马克思是对的》的策划组专家。在纪念马克思诞辰 200 周年之际,陈培永教授参与、策划了多档电视节目,最终选择在《马克思与新时代》节目担任主讲嘉宾,用他本人的话说:这个节目的主题他非常认可,与中央电视台或其他省台相比,他更加看重这个节目表达的理论性、思想性。

再次,制作手法实现了突破,增加了现场提问互动环节,增强了节目的灵活性和贴近性。《马克思与新时代》节目现场邀请了近百位来自广西大学、广西民族大学和南宁师范大学(当时为广西师范学院)的大学生参加节目录制,增加了主讲嘉宾与大学生互动环节。甚至有的学生提出很尖锐的问题,比如:中国改革开放 40 年,为什么我们还要坚持以马克思主义为指导,多些解决问题的办法,少些主义不行吗? 马克思主义哲学强调唯物主义,但是为什么那么多的哲学家而且还是非常著名的哲学家偏偏又是唯心主义者呢? 主讲嘉宾不断用马克思主义经典中的话语和故事回答学生抛出的一个个问题,强化了节目的理论性、思想性,在现场赢得一阵阵掌声。

而且,节目在后期制作上也进行了创新,制作了大量的字幕和声效,谈及的人物和故事都用影片或照片等资料进行展示,表现形式更为活泼生动。

最后,节目收视率不断刷新,社会反响强烈,并得到在中国教育电视台播出的机会。《马克思与新时代》于 2018 年 5 月 14 日—17 日在广西广播电视台卫星频道、新闻频道播出,节目平均收视率与品牌栏目《广西新闻》不相上下,在同时段全国 35 个城市省级卫视中排名保持在 20 位左右。同时,节目视频在网络平台上的点击量超过万次。5 月 28 日—31 日在中国教育电视台一频道播出,也取得了较好的收视率。

节目播出后,也产生了良好而广泛的社会影响。三位节目嘉宾都表示赞许,认为节目制作精良,达到了预期的效果。陈培永教授还反馈说,这个节目形态不同于其他同类节目,集理论性、观点性、思想性于一体,值得推广。广西大学马克思主义学院研究生谢晓萍收看节目后反馈说,看了节目很受启发,作为新时代的大学生,他们从马克思身上学到很多。广西民族大学马克思主义哲学公共课任课教师刘雅祺说,三位嘉宾的讲述非常生动,为他以后怎么去给学生讲课指出了方向。广西师范学院参与节目录制的学生刘捷则希望以后能够有更多机会参与这样的节目,与知名专家面对面进行交流。

第三,新中国成立 70 周年特别节目。

在新中国成立 70 周年前夕,《凡事说理》连续三天推出"新中国一路走来"特别节目,《我是中国共产党党员——中国共产党"能"》《真理的力量——马克思主义"行"》《以人民为中心——中国特色社会主义"好"》,用一个个广西故事展示广西形象、阐释中华民族伟大复兴中国梦,回答了中国共产党为什么"能"、马克思主义为什么"行"、中国特色社会主义为什么"好"等重大问题,让党的创新理论进入寻常百姓家。在国庆节后重播了这三期节目,持续扩大节目效应。

首先,从广西故事着眼,用"小故事"娓娓道来,令"大道理"深植人心。节目分为《我是中国共产党党员——中国共产党"能"》《真理的力量——马克思主义"行"》《以人民为中心——中国特色社会主义"好"》三集,把许多广西故事串联起来,以小见大、深入浅出地进行理论阐释。比如在回答中国共产党为什么"能"时,讲述了中国共产党早期与彭湃、毛泽东齐名的三大农民运动领袖之一、百色起义的领导者韦拔群的故事,在新中国建设时期,支援边疆建设扎根广西的天津医生的故事,以及扶贫路上的时代楷模黄文秀的故事,将深奥的理论巧妙合理地故事化和通俗化,使理论深度与实践温度达到高度契合。

其次,专家阵容强大,多层面思想碰撞,突出节目的思想深度。为了让节目呈现最权威、最专业的视角,团队成员深读精读与节目内容主题相关的权威理论文章,真正学懂、弄通、吃透。还邀请了国内知名专家和广西本地专家,强强结合,提高了节目的理论水平。三期节目中,邀请了中央党校党史教研部沈传亮教授、天津大学马克思主义学院院长颜晓峰教授、北京大学孙来斌教授等多个专家学者,专家们在回答三个"为什么"的过程中,结合各自发表在《人民日报》《学习时报》等相关理论文章,紧扣理论热点,对应时代生活,既有解读,又有回答,突出节目的思想深度。

最后,融入多重元素,把"枯燥"变为"有趣",提高节目可看度。为避免一般理论访谈节目的枯燥单调,摆脱说教味道,节目采取最新的电视表现形式,采用多画面分割、快速切换的方式,加快节奏,增强表现力。节目由短片、主持人叙事、嘉宾讲故事三个组成部分,先后邀请了获得"改革先锋"称号的基层群众自治制度的探索者韦焕能、天津医生张华和她的女儿、全厂搬迁到广西的南宁糖果厂厂长王汉丽、参加黄文秀事迹报道的记者汤婧、广西贫困地区县长等作为主讲人和嘉宾,谈心得、聊体会,将深度理论内容用浅显直白的形式表达出来。此外,在讲故事过程中辅以朗诵、歌曲等综艺形式,加上现场大学生的互动交流,让理论节目有料又有趣,获得了春风化雨、润物无声的效果。

第四,赴北京录制特别节目。

《凡事说理》节目设置北京演播室,特邀国内顶尖专家,围绕"一带一路"和"三大主义系列"录制了两期特别节目。

以"一带一路"为主题的节目共分为四集:第一集《辉煌历史:不屈的精神与开放的胸怀》着重讲述海上丝绸之路的辉煌,结合习近平总书记对广西发展的新要求,围绕北部湾经济区同城化的成果、柳州汽车城、东兴重点开发开放试验区、桂林国际旅游城几大亮点,结合相关的故事展开访谈;第二集《好邻居金不换》着重讲述广西与周边国家的睦邻友好关系,2010年中国—东盟自由贸易区建成,开启了陆上合作和海上合作的新篇章,访谈围绕自由贸易区给老百姓带来的便利和机会、广西在东南亚的产业投资、东南亚在广西的产业投资等内容进行;第三集《改革就要有胆量》着重讲述广西在"一带一路"中砥砺前行,展现了广西全方位对内和对外开放的实践;第四集《展望未来:开放前沿和投资热土》着重讲述广西如何在未来把握住发展机遇,从2020年广西"两个建成"目标、城市化水平更高、产业发展更加成熟、对内和对外开放的水平更高四个角度展开讨论。

"三大主义系列"主题共分为三集。第一集《揭开历史虚无主义的面纱》分为三个部分:第一部分为历史虚无主义的表现;第二部分为历史虚无主义的危害;第三部分为正确认识历史,严肃批驳历史虚无主义。第二集《警惕新自由主义思潮的危害》也分为三部分:第一部分为新自由主义思潮的表现;第二部分为新自由主义思潮的危害;第三部分为面对新自由主义思潮的冲击,我们应该怎么做。第三集《坚持中国文化,缔造我们自己的中国梦》通过对所谓"普世价值"的讨论,揭示了西方把其"自由"等价值观念推崇为"普世价值"的实质,阐明了社会主义自由理念不同于资本主义"自由"的丰富内涵。第三集同样也分为三部分:第一部分为西方价值观对于"普世价值"的揭示,第二部分为习近平总书记提出的中国梦,第三部分为中国梦在当前中国的现实意义。

······ 图 2-12 2015 年,《凡事说理》在北京演播室录制现场 ······

(二)短片拍摄

确定好选题后,栏目记者会选取和主题相关的典型案例,下到实地进行短片拍摄,每期节目一般 2~3 条,每条短片 5 分钟左右,力求精练简单。每期节目以一个小故事作为切口进入,采访当事人,与解说词配合,形成强有力的事实依据。接着以此为基础,由点到面地展开对相关的宏观政策的叙述。

采用外景呈现的形式,能够打破时间和空间的限制,形成内场和外场的互动,增强可看性,便于观众理解政策方针。

短片的拍摄方式依据主题而定,既有主持人、记者出镜代入式,也有新闻采访式,或纪实跟拍式等。

在《小财政办出大民生》这期节目中,有三条短片。第一条是《社保惠民构和谐》,具体文稿如下:

【解说】 这是兴业县大平山镇江下村的五保户喜气洋洋搬进五保村的场景。在这个五保村,单间配套的房间内,床铺、桌柜一应俱全。

【兴业县大平山镇江下村五保户 李增寿】 高兴,我住着好舒服,有吃,政府又照顾。

【解说】 为了让五保老人不离乡土,不远亲情,兴业县高标准规划、建设五保村,要求每个新建的五保村总投资不少于 18 万元,建筑面积达 200 平方米以上。目前,兴业县已建成五保村 154 个,入住五保户 1 148 人。

【兴业县副县长 姚春强】 我们还提高了供养标准,分散方面原来是 200 元,提高到 230 元,集中供养这块,从 250 提高到 280 元。还有为五保老人买意外人身保险。还专门配套了专职管理人员。

【解说】 据了解,2013 年,广西下拨财政资金 1.5 亿元,新建了 1 000 个五保村,让越来越多的五保户搬进了新家。

2013 年,自治区财政共筹措资金 71.85 亿元,实施社保惠民政策,项目涉及城乡养老、城乡低保、困难人群托养等各方面。全区年满 60 周岁的城乡居民获得了基础养老金;全区 50 万城市最低生活保障对象、315 万农村最低生活保障对象获得了最低生活保障补助。有了政府托底,社会保障的基石更加牢固,老百姓生活更加美好。

第二条短片是《财政助推广西新型城镇化发展》,具体文稿如下:

【解说】 小青瓦、白面墙,一栋栋独具桂北民居特色、装饰精致的民房,一条条干净整洁的街道。为进一步推进城镇化建设,2013 年初,桂林市启动实施"书记工程",即由各县区书记挂帅,全市 12 个县和雁山区重点推进城镇化示范乡镇建设,突出对古街的保护和修缮,坚持修旧如旧,城镇风貌实现了大改观。

【桂林市委书记　赵乐秦】 我们搞这个城镇不是光样子好看,根本目的是把它的基础设施完善起来,特别是教育、看病、市场,让老百姓过来这里生活方便。

【解说】 按照要求,桂林的第一批"书记工程"13 个城镇化示范点将于今年 7 月底前建成,基本具备良好的社会服务和工作生活便利条件,通过示范带动,推进全市新型城镇化建设,最终形成城乡一体、产城互动、和谐有序的城乡发展新格局。

加快新型城镇化发展,是广西推动经济社会又好又快发展面临的一项重点课题。这些年,我区大力推进城镇化建设,城镇化率快速提升,但城镇化发展水平与全国相比仍有很大差距。

在新的历史条件下进一步做好城镇化工作,加快新型城镇化发展,对广西当前和今后至关重要。要抓紧完善我区新型城镇化发展规划,研究出台户籍、土地、教育、医疗、就业、住房、社保等相关配套政策。要大力推进城镇基础设施和公共服务设施建设,提升社会服务和居住服务水平,切实增强城镇综合承载力,促进可持续发展。

第三条短片是《公共财政加大投入　保障改善民生》,具体文稿如下:

【解说】 2013 年,全区财政坚持政府过"紧日子",但不能"紧"民生的理念,优先解决好关系群众利益的现实问题,切实加大对困难群众的帮扶力度,确保民生得到有效保障和改善。我区教育、卫生、文化、社会保障等各项社会事业取得了新成效,人民生活水平进一步提高。

预计 2013 年城镇居民人均可支配收入为 2.3 万元,农民人均纯收入为 6700 元,分别增长 9% 和 12%。预计贫困人口减少 85 万人。城镇职工最低工资标准提高。新农合参合率达到 98.89%,城乡居民社会养老保险实现全覆盖,十项为民办实事工程全面完成。全区去年财政民生支出合计2403亿元,占全区公共财政预算支出比例超过75%,其中教科文事业投入超过700亿元,社保、就业和医疗卫生事业投入近1000亿元。全力保障自治区政府为民办实事项目的实施,累计拨付为民办实事资金531亿元,占自治区财政计划筹措资金411亿元的127%,有力推进了社保、教育、强基、安居、土地整治、农补、文化、生态、通信等十大惠民工程的实施。

今年,全区公共财政预算支出安排3 058.21亿元,涉及教育、社会保障和就业、医疗卫生与计划生育等多个民生项目。其中,与去年的预算安排相比,教育支出增长20.3%,社会保障和就业支出增长19.1%,医疗卫生与计划生育支出增长15.7%。

三条短片,分别与这期节目的三个小主题相呼应。一方面,专家对政策进行解读,阐述政策背后的深远含义;另一方面,三条短片直观呈现了政策推行取得的成绩,用实实在在的例子,让观众看得明明白白。

三条短片拍摄时也各有侧重。第一条短片重在叙事,以兴业县五保户李增寿的例子切入,由一户拓展到全县,再拓展到全区,由点到面地呈现社保惠民"大餐"给老百姓带来的红利。第二条短片重在说理,以桂林市为例,剖析发展背后的原因,紧接着从全区层面,阐述加快推进城镇化对提升社会服务以及居住服务水平的重要意义。第三条短片重在展示取得的成绩,通过一个个具体数字,把广西近些年在民生领域的投入和取得的成绩进行量化,以此突出"小财政办出大民生"的主题。

(三)现场录制

演播室一般设置在广西广播电视台新闻中心演播厅。访谈开始前,栏目组编导会提前和专家沟通好访谈大纲,让专家提前做好案头工作。受邀专家均为广西区内相关领域的权威,知识储备丰富,政治站位高,前瞻性强,既有相关厅局的领导、处室负责人,也有社科院、高校、行业协会等单位的资深人士。访谈开始后,围绕主题,专家会从"是什么""为什么""怎么办"等多个层次进行解读,语言朴实直白,力求让观众听得下去,想得明白。主持人也会不时插话,与专家进行互动,激发专家的谈兴。

这一模式简单明了,操作性强,制作周期短,既便于嘉宾参与录制,也方便选择时效性强的选题。据节目组测算,从选题策划开始到节目播出,整个制作周期为 40 天。

图 2-13　2016 年 11 月,《凡事说理》在广西广播电视台 1000 平米演播室录制"金融扶贫"节目现场

受疫情影响,一些嘉宾不便来到电视台参加录制。《凡事说理》适时调整录制方式,采取云访谈的形式,主持人通过手机和嘉宾远程对话,播出时把两人的画面分屏放置在屏幕两侧。例如在 2021 年 2 月 28 日播出的《坚定不移走中国特色社会主义法治道路》节目中,主持人云连线南宁师范大学马克思主义学院院长曾令辉教授。曾教授从重点抓好"关键少数"干部、做好群众学习宣传习近平法治思想、加强对青少年习近平法治思想的教育三个方面,就新时代如何走好中国特色社会主义法治道路进行了阐述。

每期节目会设一名主持人。主持人拥有绝对的主导权,主导着整个访谈的节奏和进程,话题的提出、展开、转折和结束等都需要主持人灵活引导和控制。主持人不仅是代表媒体面向观众的传播者,也是访谈节目的组织驾驭者,在访谈的各个重要环节中进行点评、解读、强调或提炼归纳某些观点。

《凡事说理》作为一档科学理论节目,既不能让整场访谈变成纯理论性的宣讲,又要凸显科学理论大众化的特点。特别是在每一个访谈段落的起始部分,主持人的引导话语就能够准确定位之后讨论的基调。

例如,在《小财政办出大民生》这期节目中,主持人许菲就很好地掌握了现场的录制节奏,既把预设问题很好地呈现出来,也根据嘉宾的发挥,灵活追加了部分问题,整期节目观点有交锋,思想有碰撞,气氛活泼,让观众看后有所收获。

节目伊始,许菲先抛出主题:有理走天下,无理事难成。观众朋友大家好,欢迎收看《凡事说理》,我是许菲。2013年广西财政收入突破2 000亿元,这是一个里程碑式的跨越,这样的成绩当然让广西人民很振奋。但是我们可能更关心的是,财政收入的增加会给我们每个人的生活带来什么变化。可能最直观的要数2013年的十大为民办实事内容了。财政厅在2012年累计筹措资金近530亿元,投入社保、健康、教育、安居、生态、文化、通信、土地整治、农补、强基十大惠民项目。这其中,排在首位的就是与我们每个人息息相关的社保惠民。

短片播放后,许菲开始引入具体问题:这70多亿元的社保惠民"大餐",确实让越来越多的群众共享了改革发展的成果。城乡养老、城乡低保、困难人群托养这几个方面,涵盖了弱势群体、低收入人群以及我们家家户户的老年人。帮他们去一一解决困难和问题,其实也就是让我们每个家庭都没有了后顾之忧。那么如何保证财政花出去的钱,每一分都能用到老百姓身上,落到他们的口袋里呢?

专家解答之后,许菲现场灵活跟进了一个问题:应该说现在的财政对于民生的投入这一块是越来越大了,刚才我们通过短片也了解到了,有十大为民服务的工程,具体比如教育、就业,这些工程是怎么规划的呢?

"美丽广西·清洁乡村"是当时广西一项重要的工作,和广大农民有着密切关系,城镇化的高质量发展绕不开这个话题,许菲就此追问:在将近一年的"美丽广西·清洁乡村"活动过程当中,我们也看到广西的很多乡镇确确实实发生了很大的变化，我相信谭记者包括韦波，在下面的采访当中应该也能够亲身地感受到。

通过上述例子不难看出，在科学理论节目中，主持人作为协调访谈的核心，作为传播者和联系观众的桥梁，把握着访谈的进程。无论是在每段访谈的起始部分还是谈话中间，主持人通过通俗、精练的话语进行评论，与嘉宾进行有效互动。主持人对访谈内容的掌控和引导能力，实际上是一个访谈节目成功与否的关键因素之一。

（四）后期制作

录制完成后，编辑进行二次创作，精编主要内容，挑选亮点，突出观点，展示绩点。

对于大段的文字材料，栏目组不是简单地堆砌，后期编辑会增添卡通和动态元素，灵活编排版面，让画面富有美感。

除了常规的角标设置，栏目组会在角标上方打上当期节目的主题，方便观众收看，于细节处花心思。

现在的《凡事说理》结合节目特点，专门制作了片头。"凡事说理"四个字，字体沉稳厚重，烫金色视觉效果大气有质感；飘扬的绸带和云朵，配合飞入的文字，节奏明快，灵动活泼；定版画面选取南宁的标志性建筑，赋予鲜明的地方特征。

《凡事说理》曾采用以动漫形式作为片头——一个小男孩在山间行走、在海底畅游、在城市游览，以孩童视角观察世间百态。他代表着千千万万的在求索的普通人，托举的是马克思的头像，意喻马克思主义经典。这个小人物在片中不停奔跑，说明现代都市人在现实生活中常会遇到迷茫和困惑；他跑到一个地方跳下来，高举马克思主义理论，意思是自觉运用马克思主义理论、方法，我们可以从容面对生活中的许多困难和问题，可以有效找到解决问题的方法。

片头辅以原创歌曲，旋律朗朗上口，歌词围绕"凡事说理"展开——"天地物，世间事；物物有其道，事事有其理；观物求其道，办事循其理；有理走天下，无理事难成"。主题曲歌词言简意赅，朗朗上口，清晰明确地概括了创办《凡事说理》节目的基本思想和节目宗旨。歌词由节目组邀请专业音乐人按时下流行的 R&B 音乐风格进行谱曲创作并演唱。曲风很现代，听起来让人耳目一新，让老一代有共鸣，新一代也喜欢，理论专家不觉得幼稚，普通人也不觉得格调太高。同时，这版原创片头会在广西广播电视台新闻频道循环播出，增加曝光量。

（五）播出计划

根据央视索福瑞发布的电视收视数据调查排名，开播以来多期《凡事说理》节目收视率在广西广播电视台新闻频道的节目排名中居于前列。这说明以理论热点面对面的方式做贴近民生的说理节目可以得到观众的认可。

1. 广西卫视播出

《凡事说理》每周日 18:00 在广西卫视播出，每周一次。广西卫视在广西市场收视率高，常年稳居前十，加上在黄金时段播出，《凡事说理》形成了相对固定的收视群。广西卫视是上星频道，能够在全国播出，覆盖人口超过 10 亿。《凡事说理》在卫视播出，跳脱省域的局限，使广西好的模式、好的经验能在全国推广，不仅大大提升了节目影响力和传播力，也在讲好广西故事、传递广西声音方面做出了贡献。

2. 广西新闻频道播出

《凡事说理》每周日 22:35 在广西新闻频道播出。广西新闻频道立足广西，面向北部湾和东盟地区，紧紧围绕服务国家外交战略及改革开放和现代化建设大局，发挥权威信息传播主渠道的作用，用更多事实、背景、评论来报道广西前进中的重大新闻事件，发布广西发展改革前沿动向的高品质新闻；以新闻频道的指导性和影响力，宣传弘扬主流价值观，传递正能量，进一步提升了广西各族人民的凝聚力和创造力。

第二节 ｜《凡事说理》的效果与影响

涵化理论揭示的价值观传播机制，对于研究科学理论的有效传播具有重要的意义。涵化理论(cultivation theory)产生于媒介表现的暴力内容及其对儿童的影响的研究中,[①]主要来自美国学者乔治·格伯纳在美国暴力原因与防范国家委员会所做的研究。涵化理论指出,对于大量看电视的观众来说,电视实际主宰和包容了其他信息、观念和意识的来源,所有接触这些相同信息对人们的观念所产生的效果,便是格伯纳所称的涵化作用,或者说起到了塑造共同的世界观、共同的角色和共同的价值观的作用。[②]

涵化理论主要揭示的是人们对于现实世界的认识和理解受到大众媒体提示的"象征性现实"的巨大影响,这种影响在长期的潜移默化的过程中制约和改变着人们的观念和态度。更进一步的是,格伯纳等人在涵化理论的修正过程中提出"共鸣论"(resonance),指出当人们发现自己的日常生活与通过电视看到的情况相近或一致时,"实质上得到的涵化是'双剂量效应'的,因为他们在电视屏幕上看到的现实和自己的真实生活发生了共鸣"。[③]也就是说,当传播的观点相一致或相近时,涵化效果就有显著扩大的趋势。

《凡事说理》根植科学理论的传播多年,致力于在电视屏幕上构筑"象征性现实"。人们对于客观现实的认识,在很大程度上也来自电视科学理论节目传播的"象征性现实"所给予的体验,人们通过这一体验来描绘自己头脑中的关于中国特色社会主义实践的"主观现实"。而且,当人们发现所接收的"象征性现实"与已有的"主观现实"趋于一致时,就会更加认同中国特色社会主义实践,从而认同社会主义核心价值观。这就是电视媒体对社会主义核心价值观发挥涵化作用的过程。

一、《凡事说理》的收视效果

收视率是衡量电视节目播出效果的重要指标,指在一定时段内收看某一节目的人数占观众总数的百分比。它是由收视人数规模和收视时长决定的。除

---

① 周庆山.传播学概论[M].北京:北京大学出版社,2004:232.
② 石长顺,周莉.新媒体语境下涵化理论的模式转变[J].国际新闻界,2008(6).
③ 向仲敏,乔真真.利用新媒体传播社会主义核心价值观:基于涵化理论的研究[J].西南交通大学学报(社会科学版),2017(2).

了节目内容本身外,收视率受到播出频道、播出时段、节目编排等因素的影响。

《凡事说理》虽然是电视科学理论节目,但得益于丰富多样的节目形式和鞭辟入里的理论解读,有着一大批稳固的观众群体。无论是与频道其他栏目的纵向对比,还是与台外其他科学理论节目的横向对比,收视数据均不落下风。

本研究摘取 2020 年《凡事说理》CSM(省网及区内日记卡城市)月度收视数据。《凡事说理》在广西新闻频道广西区内数据如表 2-1 所示:

表 2-1

月份	收视数据(%)
1	0
2	0.020
3	0.012
4	0.038
5	0.013
6	0.034
7	0
8	0.014
9	0.010
10	0.160
11	0.046
12	0.029

《凡事说理》在广西卫视广西区内数据如表 2-2 所示:

表 2-2

月份	收视数据(%)
1	1.126
2	1.196
3	1.196
4	0.604

（续表）

月份	收视数据(%)
5	0.670
6	0.750
7	0.488
8	0.258
9	0.272
10	0.523
11	0.903
12	0.785

通过两个频道的收视数据可看出，由于《凡事说理》在广西卫视是 18 点播出，时段较好，因而播出收视效果明显好于广西新闻频道，全年平均收视率为 0.73%，在广西新闻频道 2020 年全年收视率为 0.031%。

《桂在协商》是广西壮族自治区政协推出的全媒体节目，将协商地点从会议室转移到演播厅，经由电视平台广泛传播，并进一步扩展至互联网及微信公众平台传播，逐步成为全区政协系统的特色品牌。《桂在协商》和《凡事说理》作为两档风格相似、内容相近的电视节目，在广西卫视的收视数据上，《凡事说理》稍占上风。

《凡事说理》在学习强国广西学习平台上的播放量和点赞量稳步提高，广西网络干部学院选课率和好评率呈递增态势，例如 2020 年 3 月上线的抗疫专题节目《抗疫——一堂生动的爱国主义教育课》，截至 7 月 15 日，选课人数近 11 万人，好评量近 2 万。

二、《凡事说理》的社会影响

《凡事说理》是一档立足民生，运用马克思主义的立场、观点、方法分析问题、解决问题的深度访谈节目。开播以来，节目坚持马克思主义立场，紧扣全国和广西改革发展的重大理论和实践问题以及人民群众普遍关注的热点、难点问题，始终坚持将群众路线放在第一位，站的是群众立场，想的是群众利益,在乎的是群众感受。人民群众关心什么就着力回答什么,社会关注什么就集中阐述什么,在服务群众、满足群众中更好地实现理论的价值,引导广大观众正确认识改革发展过程中出现的各种社会现象,明辨是非,开播至今,产生了良好的社会影响。

（一）获得领导批示和相关部门嘉奖

2013 年 7 月 7 日,时任广西壮族自治区党委书记、自治区人大常委会主任彭清华对广西电视台开办科学理论大众化节目《凡事说理》作出重要批示:"要认真总结经验,鼓励节目创新,紧扣人民群众最关心、最期待的现实问题,从理论和实际的结合做出深入解析,更好发挥科学理论的指导和主流媒体的舆论引导作用。"这是自治区领导对于广西电视媒体创新开展科学理论宣传工作的肯定和鼓励。批示对办好节目寄予了殷殷期望,这为今后广西开展理论宣传工作指明了方向。

2015 年 11 月 13 日,时任广西壮族自治区党委书记彭清华在《关于广西电视台〈凡事说理〉扎实做好理论宣传创新工作的情况报告》上作出批示,彭清华说:"广西电视台《凡事说理》节目深入浅出,喻理于事,选题好,导向正,有创新,接地气,要精心打造成有较大知名度和影响力的电视理论节目品牌。"这是来自自治区领导的肯定和支持。《凡事说理》节目是广西加强理论和实践相结合,推进马克思主义大众化的生动实践和创新举措。

2015 年 6 月 25 日,时任广西壮族自治区党委常委、宣传部部长黄道伟在节目情况汇报上作出批示,希望节目按照彭清华书记的要求,越办越好。

《凡事说理》十九大精神系列访谈节目播出后,广西壮族自治区党委常委、宣传部部长范晓莉作出批示,肯定了《凡事说理》节目对十九大精神的宣传解读,并对节目创新提出了具体要求。批示写道:"十九大闭幕后的几期《凡事说理》节目邀请了中央国家机关和军队的专家学者展开访谈,全面解读十九大精神,扩大了栏目影响,取得了比较好的效果。希望广西电视台不断总结创新,学习借鉴兄弟省区同类节目的好经验、好做法,争取把《凡事说理》办成一档在全国有一定知名度的品牌栏目。"

2013 年 9 月 17 日,中宣部内部刊物《宣传工作》刊载题为《广西创办〈凡事说理〉电视通俗理论节目》的文章,向全国宣传系统介绍了广西创办这一节目的成功经验。文章指出,广西电视台《凡事说理》节目紧密关注现实生活、理性引导社会舆论,为理论宣传普及工作提供了有益启示。

(二)获得新闻领域专业荣誉

《凡事说理》创办九年多来,获得了不少专业荣誉。广西新闻奖是广西优秀新闻作品最高奖,旨在检阅广西新闻工作的年度业绩,发挥优秀新闻作品的示范作用,推动新闻媒体坚持马克思主义新闻观,积极宣传党的主张,深入反映群众呼声,唱响主旋律,传播正能量,引导广大新闻工作者牢记职责使命,践行"四向四做",增强"脚力、眼力、脑力、笔力"。

《网络反腐利弊谈》获 2012 年度广西新闻奖一等奖。

《第一书记 扶贫新力量》获 2014 年度广西广播电视奖一等奖。《第一书记 扶贫新力量》题材典型,意义深刻,是广西广播电视台践行新闻战线走转改活动,推进马克思主义大众化的一次生动实践。节目将广西选派 3 000 名

图 2-14 2012 年,《网络反腐利弊谈》获广西新闻奖一等奖

图 2- 15　2014 年,《第一书记　扶贫新力量》获广西广播电视奖一等奖

机关干部担任贫困村驻村"第一书记",将当地经济、文化发展的生动事例作为节目访谈主题,集中反映了现阶段扶贫工作中出现的如何"精准扶贫"的新问题,进行深入访谈,有力地弘扬了社会主旋律。节目访谈嘉宾选择精准,坚持"贴近实际、贴近生活、贴近群众"的标准,不仅选择了投身基层、扎根基层、服务基层的优秀驻村"第一书记"的代表,而且还邀请贫困村的普通村民参加访谈,通过基层群众朴实的语言生动地展现出驻村"第一书记"真扶贫、扶真贫的具体措施,以及真干、实干、苦干造福一方百姓的决心。节目访谈内容扎实,主题突出,切入准确,访谈设计结构合理,层次分明,节目中驻村"第一书记"扶贫的具体事例和励志的力量充沛其间,人物塑造活灵活现。同时,这期节目将纪实与访谈有机结合,电视语言引人入胜,播出后引发了良好的社会反响。

(三) 观众、专家评价高,社会效益好

2020 年 5 月至 8 月,笔者与《凡事说理》栏目组共同设计了观众调查问卷,主要通过微信公众号进行调查,调查对象为关注《凡事说理》的微信订阅号用户,试图了解观众对节目的认知态度。在三个月的时间内,调查组共发

放电子问卷 3 865 份,回收有效答卷 1 642 份,回收率为 42.4%。

此次调查问卷,共计设置 14 个问题,分为 4 个维度。首先是受访者的基本信息,其次是受访者观看《凡事说理》的情况,再次是受访者对《凡事说理》的评价,最后是受访者对《凡事说理》的建议。调查问卷形式多样,包含单选、多选和自由填写。

由于《凡事说理》是科学理论节目,受众需要一定的知识储备,才能看懂节目内容,因而学历变量对收视有着明显影响。在回收的有效调查问卷中,在"观看过 5 次以上《凡事说理》的观众"中,研究生及以上学历占 18.5%,本科学历占 42.34%,大专学历占 28.34%,高中学历占 6.8%,其他占 4.02%。

调查显示,对于"您是否会固定观看《凡事说理》"的问题,22.34% 的受访者选择了"会收看直播",35.7% 的受访者选择了"会通过网络或者手机回看";在观看次数方面,看过"1~3 次"的,占 25.76%,"3~5 次"的,占 22.56%,"5 次及以上"的,占 51.68%;对于"您是否将《凡事说理》推荐给其他人观看"的问题,有 42.67% 的受访者选择"是"。

对于"《凡事说理》是否有利于推动科学理论普及"的问题,89.5% 的受访者认为"有利"和"比较有利";对于"《凡事说理》对您解决日常生活中遇到的问题是否有用"的问题,65.75% 的受访者认为节目"有用"或"比较有用";对于"您是否认为《凡事说理》是传播科学理论的权威平台"的问题,85.39% 的受访者认为"是"。

受访者的建议,由于过于零散,在此不一一列举。笔者经过梳理和归纳,将建议分为三块内容:一是增加民生领域的题材;二是邀请国内著名专家作为嘉宾;三是多分析典型案例,用案例讲理论。

基于本次调查,可得出如下结论:一是《凡事说理》的观众群体受教育程度较高,本科及以上学历占比超过 60%;二是《凡事说理》的观众群体收看忠诚度高,有超过半数的受访者观看次数超过 5 次;三是观众认可《凡事说理》是科学理论传播的权威代表,认为其在生活中对自己有帮助的占比超过 65%。

《凡事说理》在广西卫视和广西新闻频道播出,观众反响热烈,收到了良好的传播效果。贵州观众刘旭友在看了"一带一路话广西"的节目后打来电话说:"你们把'一带一路'的主题用群众都乐意听的方式,深入浅出地说得明白透彻,不仅让我们更加了解了'一带一路'的内涵和实质,也进一步加深了对广西的认识。"南宁市民朱国强打来电话说:"节目形式新颖,选择话题不回避社会难点、热点,嘉宾的现场讨论道出了百姓心声。"梧州市民陈学论也在电话中表示,节目切中要害,帮助他更理性地看待当下存在的各种社会问题。

　　网络方面,不少网友通过广西广播电视台和节目微信公众号留言。网友"天天乐"说,节目谈素质教育,提出"教育即生活"的理念,这对教育孩子提供了可以借鉴的思路。网友"一叶知秋"说:"节目谈看病难、看病贵的话题,既说出了百姓心声,也让我看到了政府部门为解决这个难题付出的努力,这让我相信以后的生活会更美好。"

中篇

思考 篇

新时代电视科学理论节目的现实挑战

推进科学理论大众化是一篇大文章,是党的理论宣传工作的一个重要课题。习近平总书记指出:"马克思主义大众化,就是把马克思主义理论用简单质朴的语言讲清楚、用群众喜闻乐见的方式说明白,使之更好地为广大党员和人民大众所理解、所接受。"[1]这就对创新科学理论宣传的方式和手段提出了更高的要求。今后,广西要不断创新科学理论宣传的方式和模式,更要从根本上把握好理论宣传的规律,这样才能做到理论宣传面向最广大的群众,做到入耳、入脑、入心。

纵观国内各大媒体,《凡事说理》创办时,以推进马克思主义中国化、大众

---

① 习近平.关于建设马克思主义学习型政党的几点学习体会和认识——在中央党校 2009 年秋季学期
第二批进修班开学典礼上的讲话[EB/OL].中国文明网,2010-04-13.

化、时代化为宗旨的电视节目还不多，没有什么模式可以模仿，也没有太多的经验可以借鉴。创办这档节目对于广西马克思主义理论工作者和电视工作者而言，既是机遇，也是挑战。在上级部门的指导下，科学理论大众化访谈节目《凡事说理》开播以来取得了良好的传播效果。这是利用电视手段深入开展理论宣传工作的一次积极尝试，符合当前中央理论宣传工作的重点，具有非常积极的现实意义。在这一领域，广西广播电视台率先试水，敢于创新实践，在全国都具有一定的先进性。

对于电视理论节目的微观及宏观考察，是考量传播效果的两个基本维度。"微观"角度主要表现为受众个体，电视传播为个人提供了社会期待，人们对政党、国家、民族乃至世界的认识和态度与大众传媒的宣传息息相关。"宏观"角度是对于社会政治文化的形成、公共舆论的构建将起到强有力的积极作用。

电视理论节目具有对受众个体社会认知、政治态度的影响力，但这种影响力还并未内化和强大到转化为受众个体的政治参与行为。同时，电视理论节目在受众群偏小、播出覆盖面等方面的不足，使得其在宏观方面的大众传播效果有限。

根据传播的一般理论，"传播是一个系统，通过操纵可选择符号去影响另一个系统，这些符号能够通过连接它们的信道得到传播"。[①] 而"大众传播主要是指专业化的媒介组织运用传播媒介对众多受众定时地、迅速地、不间断地生产、表达和传递信息的活动"，[②]具有传播信息、引导舆论、实施教育和提供娱乐等功能。传播学奠基人之一，美国政治学家哈罗德·拉斯维尔最早提出的"5W"经典模式充分地体现了大众传播的一般特点。这个模式也提供了认识事物传播的有效工具，利用这个传播模式去分析马克思主义大众化的传播活动，可以让我们更清楚地了解传播过程中的基本环节，这对于分析马克思主义理论传播具有重大的理论意义和现实意义。把马克思主义大众化放

① 麦奎尔，温德尔.大众传播模式论[M].祝建华，武伟，译.上海：上海译文出版社，1987：254.
② 展宁."大众传播"溯源：社会情境、根本问题与价值立场[J].新闻与传播研究，2019(11).

"拉斯韦尔公式"中,我们可以看到:

谁(who)——马克思主义传播者

传播什么(say what)——马克思主义理论、中国化的理论成果

传播渠道(through what)——马克思主义大众化所采用的传播媒介

传播对象(to whom)——受众、被传播者和人民大众

传播效果(with what effect)——马克思主义所取得的大众化成果

上述的"5W"分析虽然只是对马克思主义传播特征做了一个基本的抽象概括,但是为观察马克思主义大众化提供了一个与以往不同的视角。这五个部分处于一个连锁的、相互作用的范畴中:传播媒介是传播中的一个传播载体,也是最重要的一个部分;传播内容受传播者和传播组织的影响,是传播者和传播组织的产品,又直接联系受众和传播效果;传播者和接受者是一个双向互动的实践主体,双方在平等、选择和民主互动的过程中实现了传播和接受的目标。

江苏广播电视总台台长卜宇曾对《时代问答》节目的传播效果提出这样

2015年2月,广西壮族自治区党委宣传部领导带队赴南京,
与江苏卫视《时代问答》主创团队深入交流

的要求："不论传播的内容多么正确,如果不能引起观众的兴趣,观众在按遥控器时不肯停下来,那都是没有传播效果的。没有传播效果,也就谈不上履行主流媒体的政治责任和社会责任。"理想与现实的差距使得分析传播效果不足的原因十分必要。

2015年2月,广西壮族自治区党委宣传部领导带队赴南京,
与江苏卫视《时代问答》主创团队深入交流

为深入剖析《凡事说理》在理论宣讲、表现形式和传播渠道存在的问题和不足,我们将采用完全观察法和深度访谈两种方法对节目进行检视,希望能找出深层次的原因,为今后提升节目质量提出意见。

完全观察法是指在不暴露自己的身份、避免观察对象知道自己正在被观察的情况下,完全投入被观察对象的活动中。采用这种社会调查的方式,可以直观和明确地了解电视理论节目内部的制作流程、节目制作人员对于节目的制作目的和态度,得到最真实的一手资料。笔者曾任《凡事说理》的制片人和分管副总监,直接参与节目选题制定、专家联络、台本撰写、节目录制以及后期剪辑的完整制作流程,并且多次组织栏目组选题会议和审片会议,熟悉并了解《凡事说理》节目制作的各个环节。在日常交流和工作沟通中,我们能了解到栏目记者对于电视理论节目的看法和态度。

深度访谈是一种定性访谈的方法。美国著名社会学家艾尔·巴比曾在《社会研究方法》中有过详细的阐释："定性访谈是根据大致的研究计划在访问者和受访者之间的互动，而不是一组特定的、必须使用一定的字眼和顺序来询问的问题。与此同时，不管是定性访谈者还是调查访谈者，都必须相当熟悉访谈的问题。"定性访谈就是在本质上由访问者确立对话的方向，再针对受访者提出的若干特殊议题加以追问。访谈是一种研究性交谈，是研究者通过口头谈话的方式从被研究者那里收集（或者说"建构"）第一手资料的一种研究方法。通过深度访谈的方式，可以了解受访者的动机、信念、态度和看法等，可以搜集到一手的资料并增强获得的资料的多元性。

对于《凡事说理》的传播效果的研究，本章将结合对与节目联系紧密的五位受访者的深度访谈进行研究。经过审慎选择，以及前期沟通与意向反馈，此次深度访谈的五位受访者与本文研究选题相关的资料信息如下：A，《凡事说理》节目制作人，2015年起担任制片人，参与所有节目的制作；B，《凡事说理》节目编导，2015年参与节目制作，至今独立制作常规节目超过50期，参与策划特别节目10余期，从业经验丰富；C，《凡事说理》节目常驻嘉宾，高校老师，2015年参与节目的录制，至今已有20余期；D，《凡事说理》媒体观察员、省级媒体记者，多次参与节目的录制；E，《凡事说理》节目观众，2013年起固定收看节目，多次给栏目组提供个人意见。

在采访方式方面，采取半结构式访谈的方式，访谈问题中有一部分是提前准备的开放式问题，同时随着访谈的深入，与访谈对象一起共同改进访谈问题。

本次深度访谈的研究计划，是对观看《凡事说理》节目的采访对象，了解其接触并观看电视理论节目对于个体的认知、态度和行为层面的影响；同时，通过对节目内部工作人员的访谈，了解《凡事说理》节目在大众传播层面的传播效果问题。对此次访谈的问题设计主要涵盖以下五个方面：一是接触（观看或制作）《凡事说理》节目的契机是什么；二是观看节目的频次是多少，是否完整地看完过整期节目，在观看过程中会不会出现注意力转移的现象，如果有，原因是什么；三是在观看或制作《凡事说理》节目之后，对国家出台的政策理论的关注，与接触电视理论节目之前相比，有怎样的变化；四是你觉得《凡事说理》在塑造党政形象、宣传科学理论这两个方面做得如何，是否改变你对于国家方针大政的理解和看待角度；五是观看或制作这样一档电视理论节目对你日常生活中的政治参与行为有没有影响。

此次深度访谈将电视理论节目的传播效果分为"对受众的影响"以及"对政府及社会传播的影响"两个层面，据此对五名受访者进行40～60分钟的访谈。

在这一章，我们将从内容建设、表现形式和传播渠道三方面着力，试析《凡事说理》目前存在的问题，为下一章提出对策打下基础。内容建设主要指解读理论方面的实践，通过分析，目前《凡事说理》在说理的故事性和精彩性上还有欠缺；表现形式指《凡事说理》在节目制作方面的具体做法，现阶段《凡事说理》的电视呈现方式略显老化，表现手法不够丰富，制作手段缺乏创新；在传播渠道上，《凡事说理》过度依赖电视大屏，新媒体端开拓力度稍弱，社交传播略有滞后。

第三章
《凡事说理》节目的内容建设隐忧

巩固科学理论在意识形态领域的指导地位,巩固全党全国人民团结奋斗的共同思想基础,不仅是专家学者的事,也是媒体的事。媒体具有放大效应,在推进科学理论大众化的过程中,主流媒体要下沉到"主战场",当好"主力军"。当下特别要做好对习近平新时代中国特色社会主义思想的传播,让专家从理性层面进行深入解读,为实现中华民族伟大复兴中国梦凝聚广泛共识,汇聚强大力量。

要充分发挥广播电视节目直观优势,通过探索理论宣传与新闻宣传相结合的节目形态,不断创新理论节目,使理论宣传更吸引人。[①]《凡事说理》在说理时,注重深度访谈与通俗表达相结合,跳出宣传理论一味灌输、一味说教的窠臼,做到深奥理论,大众表达,抽象道理,具象表达。节目致力于用科学理论的最新成果解决现实问题,让观众明辨是非,引发思考。《凡事说理》深入浅出,让学术性、理论性与现实性、通俗性兼容,在说理过程中灵活穿插资料短片、影视图片等珍贵镜头画面,不仅丰富了内容,也使节目避免了沉闷枯燥的窘境,让观众被精美的画面、珍贵的视频所吸引,在饶有兴致地观看节目的同时受到理论观点潜移默化的影响。

创办至今,《凡事说理》一直在求新求变,取得了不少成绩,在业界也小有

---

① 满昌学.坚持守正创新　努力提高新闻舆论传播力引导力影响力公信力[J].中国广播电视学刊,2022(1).

名气。但当今电视行业发展迅猛,节目更新迭代速度不断加快,作为一档科学理论节目,《凡事说理》难以避免地跟不上步伐,主要表现在故事性和精彩性上,均存在不小的提升空间。"说理"需要生动的"故事","故事"需要精彩的"讲述",这将成为《凡事说理》今后努力提升的方向。

第一节 ｜ "说理"需要生动的"故事"

美国学者道尔夫·齐尔曼经过严格的实验和分析,在 20 世纪后期提出著名的"兴奋转移理论",认为受众观看影视作品时的心理兴奋程度决定了他们在剧终的时候对该节目的打分。[①] 因此,如何紧紧抓住观众心理的兴奋点,调动尽可能多的电视传播元素来讲好故事,吸引观众投入地观看,成为电视科学理论节目亟须解决的问题。

节目人物化,人物故事化。简而言之,宏大的节目选题,需要落到一个个人物上,需要用有血有肉、生动活泼的人物形象,支撑起整个节目,以避免流水叙事。而人物化的核心,便是故事化,需要一个个故事来塑造人物,做到见人、见事、见细节。用讲故事的手法来做节目,已成为电视行业的一个法宝。近些年,颇受好评的美食纪录片《舌尖上的中国》《寻味顺德》《老广的味道》等,均采用讲故事的形式,每一道美食背后都是一个典型人物,每一个典型人物背后都有故事。而这一成功经验,也可运用到电视科学理论节目的制作中来。

一、政策解读和理论宣讲的故事性不足

经过审慎讨论严格出台的国家政策与政治理论绝不是一纸空谈,它需要自上而下的推行和实施,更需要自下而上的自觉实践。电视理论节目公开对国家政策进行解读和阐释,使国家政策有机会主动走进普通民众的生活之

① 赵敏,陈启华.谈电视民生新闻的故事化表达[J].当代传播,2009(4).

中。同时,以电视为载体的电视理论节目可以将深奥难懂的理论内容转化成较为生动的视听画面,将思维理性与情感感性相结合,以更加生动的方式传播主流价值观。并且,电视理论节目作为将公众政策呈现给受众的"橱窗",在政策议题的选择上也发挥着一定的主观能动性,甚至可以通过收集和反馈受众关切的议题,对国家政策议题进行"公众议程—媒体议程—国家议程"的议程设置。

(一)专家进行政策解读和宣讲

早期《凡事说理》的节目一般设置三到四位专家,一位是相关行业领域的厅局领导,一位是科学理论方面的学者,还有一到两位媒体行业观察员。在主持人提出问题后,各位专家会对应解答,并就相关政策进行解读和宣讲。

在《小财政办出大民生》这一期节目中,主持人许菲提问后,时任广西壮族自治区财政厅副厅长范世祥做出了解答:我们财政筹集那么多资金,主要是解决老百姓社会保障的问题。这些钱能不能够最终花在老百姓身上,是社会各界高度关注,也是我们财政部门高度重视的一个问题。为此我们采取了很多措施。第一是要完善管理制度,通过制度来管钱;第二就是要加强监管,涉及这么多的资金,监督是非常重要的,我们也非常重视,包括审计、监察;第三是要依靠信息的支撑、科技手段的支撑,因为社保工作的资金涉及方方面面,千家万户,这些钱仅靠原始的那些手段肯定管不了,要依靠科技的支撑,要依靠信息化,通过社会保障各个部门信息的共享,把这些信息归集起来,能够避免重复领取资金。通过这些我想就可以尽可能地减少问题的出现。

中共广西区委党校博士陆义敏进行追问:基础养老金这块农村也有了,还有养老院的建设、医疗保障新农合这一块好像报销比例也提高了,这当中我们财政注入了多少资金?我对这个较感兴趣。

范世祥做了进一步解答:农村现在的社会保障制度应该说到目前已经实现了全覆盖,从养老的角度来说,我们有新型农村养老保险。现在按国家的规定年满60岁的人每个月至少有55元的养老保险。

从这个例子中不难看出,专家在节目中主要是对政策进行解读和宣讲,政策的制定过程、深刻含义、社会影响等大多不予提及,就事论事,直接明了。

深度访谈中,常驻嘉宾 C 表示,节目时长有限,很难就一个问题深入展开,说多了也会被后期编辑剪掉,因而往往就政策进行解读。而这与观众想听的就产生了矛盾。观众 E 表示,单纯对科学理论的宣讲和看报纸无异,对于观众吸引力不够,而夹叙夹议,适时插入自己对科学理论的理解,能够让访谈更有深度和温度,比较适合观众收看。制片人 A 表示,在制作节目时,也多次和嘉宾沟通,希望能多说政策背后的故事,多说政策制定的初衷,多说政策推进过程中遇到的困难。而在实际录制中,由于各种各样的原因,嘉宾为稳妥起见,就以聊宏观政策为主。嘉宾大多是党委政府部门的厅局领导,有这种顾虑也情有可原。这就要求制作者多和嘉宾沟通,在保证节目严肃性的同时,也增强可看性,做好这个平衡。这也是节目今后努力的方向。

(二)说理故事性不足,难以调动观众收看积极性

习近平总书记指出:"要加强传播手段和话语方式创新,让党的创新理论'飞入寻常百姓家'。"[①]电视理论节目既要立得住,更要叫得响、传得开,达到良好的传播效果。这就涉及大众向度的问题。电视理论节目必须坚持内容为王、创意为要,加强对节目内容、形式、语态等的改革,综合运用个性化制作、可视化呈现、互动化传播等方式活化节目外壳,在融合嵌入中提升传播热度,让有意义的内容变得更有意思。近年来,全国电视媒体认真落实意识形态工作主体责任,以我为主,主动出击,推陈出新,不断加强对电视理论节目的研发与创新。"走进式"纪实、"伴随式"学习、"沉浸式"演讲等新的节目形态异彩纷呈,这种创新探索成为电视理论节目大众化之路的生动注脚。

《好好学习》突出实践性和融合性,节目形态融合了真人秀、纪录片、新闻专题等元素,理论学习过程与现实案例探访相互加持、彼此成就,让群众在春风化雨中领会思想、把握要义、强化落实;《壮丽 70 年时间都知道》改变居高临下、自说自话的传播方式,"时光寻访人"展开类真人秀式的实地寻访,让理论解读变得更有代入感;《中国宣讲达人大会》将互动竞答、投票、演说、故事讲述等多种表现手法融入理论学习,时刻保持节目热度。

---

① 习近平:举旗帜聚民心育新人兴文化展形象　更好完成新形势下宣传思想工作使命任务[N].人民日报,2018-8-23.

这些努力都是为了拉近节目与受众的距离,理论宣传只有贴近百姓、走近受众,才能聚民心、筑同心。在新时代,电视理论节目大众化的一大任务就是话语体系创新,将政治话语、理论话语和学术话语转化为老百姓听得懂、愿意听、真接受的大众话语,把深奥的道理说浅显,把晦涩的理论讲通俗,使节目与受众站在同一高度。

和上述国内优秀的科学理论节目相比,《凡事说理》在说理故事性上尚存在一些不足,主要表现为形式上和内容上故事性不足。

1. 形式上故事性不足

讲故事的目的是把概念活化,让人更便于理解和接受,实现理论传播"上接天线、下接地气"。电视理论节目要防止两种倾向:有故事缺理论,有情感缺思想;有理论缺活力,有价值缺魅力。受众喜欢什么样的文风、"话风",电视理论节目就要研究跟进,这也是新闻媒体践行"四力"要求的职责使然。

《凡事说理》的故事性主要集中于短片,通过短片呈现和主题相关的小故事。在访谈过程中,嘉宾很少会以讲故事的形式参与进来,多以一问一答的形式进行。

在《创新机制　多样扶贫》节目中,先是播放短片,以灌阳县新圩乡(今新圩镇)为例,谈及广西扶贫的成效,短片文稿如下。

【解说】　灌阳县新圩乡龙桥村近年来在扶贫部门的帮扶下,不少贫困农户种植黑李、雪梨,摘掉了穷帽子。随着果树开始老化,扶贫部门又给村民们提供补助,引导大家种起了耐旱的药菊。村民黄光斌去年种了30亩药菊,纯收入6万多元,今年他又把种植面积扩大了一倍。

【灌阳县新圩乡龙桥村村民黄光斌】　去年2块6,今年3块6。现在已经有三家老板给我打电话要药菊,让我跟他们签订合同。

【解说】　目前,新圩乡药菊种植面积达260亩,种植覆盖贫困农户率达65%以上。为了实现扶贫开发效益最大化,扶贫部门又引导村民在药菊地里套种松树,保证了村民们未来10年的种植收入。广西"十百千"产业化扶贫示范工程实施3年来,已投入财政专项扶贫资金2.4亿元,实施了包括桑蚕、甘蔗、金银花、蛋鸡、罗非鱼等具有经济效益和生态效益的特色产业项目,其中药材、杧果、龙眼等名特优新品种已初步形成规模,全区 40 个县,超过 6 万户贫困农户受益,贫困人口自我发展能力不断得到提升。今年,凤山县核桃种植、上林县桑菇配套种植等 15 个项目通过了项目竞选评审,"十百千"产业化扶贫示范工程进一步扩大。

接着进入访谈部分,时任广西壮族自治区扶贫办副主任莫雁诗、中共广西区党校博士陆义敏和媒体代表梁鋆就此展开了讨论。

【许菲】　那应该说这是一种比较好的产业化扶贫模式。到底好在哪儿呢? 比如说它的优势在哪儿?

【莫雁诗】　相对于原来传统的撒胡椒面式的方式,它的优势体现在:第一,通过企业帮农户找到市场;第二,通过企业和农户的共同努力去打造产业品牌;第三,由于这一工程是产业化、规模化、标准化的,它能培育一大批农户。贫困农户参与市场竞争的能力得到提升,其最终的目的就是使贫困农户获得增收。

【陆义敏】　确实,产业扶贫不像以前基础设施的构建,但我们以前的工作奠定了一个很好的基础,提供一些基本的生产和生活的条件。如果没有之前的基础,我们搞什么产业可能都是搞不起来的,东西生产了也卖不出去。另外产业还解决了一个问题:以前总是输血,现在变成造血。

【梁鋆】　可能仅仅靠财政的倾斜,或者说靠扶贫办这一个部门,扶贫的效果不一定好,或者说可能事倍功半。那么有没有什么办法来扩大这个扶贫的参与面,让越来越多的人来参与扶贫工作呢?

【莫雁诗】　对此我们是这么考虑的,扶贫工作不仅是扶贫部门的事情,也是全社会的系统工程,需要各个部门的通力合作,需要社会各方面的支持,所以我们专门有个项目叫"社会扶贫"。社会扶贫就是动员社会各方面的力量共同参与,这包括我们机关的定点扶贫、企业的帮扶。

从上述例子可看出,《凡事说理》在制作时,形式上故事性不足,未能很好地将当下观众爱看的形式融入节目中。对于短片当中的典型事例,在现场部分并未展开叙述,并且在设置悬念、观众互动、新媒体引入等方面,未能进行创新。一成不变的形式,很难在竞争激烈的电视市场抢占收视份额。

节目制片人 A 表示,由于周播节目制作压力大,采取这种形式,能够较为顺畅地衔接前期拍摄和后期棚内录制。不能单纯地考量节目质量,还要综合评定经济收益和制作成本。除了常规节目制作,栏目组还需要承担台内的其他任务,总体而言,工作强度较大。

常驻嘉宾 C,参与过多期不同主题的节目制作,有着丰富的电视录制经验。他较好地兼顾了制作方和观众方两方面因素,能从两个视角审视节目。C 表示,为了参与节目录制,先期会做好很多案头工作,也收集到了很多例子。但是节目时长摆在那里,如果就一个事例说得太多,势必会压缩其他选题的时间。另外在形式上,也很期待能有突破,这既能调动观众的收看积极性,也能调动嘉宾的参与热情。

观众 E 说道,自己作为《凡事说理》的"铁粉",每期节目都能耐心看完。对科学理论节目需求较为旺盛的观众,也会看完。假如是普通观众,很难完整地看完整期节目。这就要求节目花些心思,引入丰富的电视制作元素,把普通观众吸引过来,扩大观众面。

2. 内容上故事性不足

电视科学理论节目的使命就是把抽象变为具象,让精深思想成为大众认同。重具象而非抽象,求过程而非概念;把逻辑推演形象化,把思想理念故事化。故事是思想和精神的最好载体,谁能把故事与节目宗旨、节目模式有机融为一体,谁就会赢得受众,达到润物细无声的传播效果。比如,可以通过现实案例、人物故事告诉观众我国为脱贫攻坚付出的诸多努力和过程的艰辛。在《凡事说理》的访谈环节,嘉宾大多介绍宏观政策和相关数据,鲜有落到实处的小故事。好的电视节目,一定是见人、见事、见细节,用细节的力量去感染观众。内容上故事性不足,难以引起观众的共鸣和共情。

同样在《创新机制 多样扶贫》这期节目中,时任广西壮族自治区扶贫办副主任莫雁诗的访谈内容主要集中在扶贫产业、易地搬迁措施以及近几年取得的成绩三个方面:

首先是扶贫产业。"十百千"产业化扶贫工程是广西的首创,在全国较为领先。扶贫工作从 20 世纪 80 年代开始,以前更多是注重基础设施的建设,如农村的水、电、路等。到了 21 世纪,一部分基础设施解决了,不是说全面解决,那么工作的重点就移到了产业,广西这些石山区、土山区贫困群众的增收比较困难,我们就改变原来那种分散式的、撒胡椒面式的产业扶持方式,采取集中的用现代产业的集约化、规模化、标准化模式,以这个作为标志,把一些资金、一些力量集中到一些区域。

其次是易地搬迁。到了 21 世纪,特别是 2004 年以后,我们探索出更多的模式,比如:结合城镇化,让这些农民搬进来,到城市里面去;结合工业园区的建设,让一些素质相对高的农民进入工业园区成为产业工人;结合农林场的一些改革,也能够吸纳一些石山区的贫困人口。还有就是这几年新农村的建设,也让一些比较偏僻的村屯人口不多的十户几户的人全部集中到一些大的村里面去,这就是土地整理了。

最后是取得的成绩。广西是我国扶贫开发工作的重点省区之一,它的难点、难度我看可以体现在这五个方面:第一,人口多,我们现在的贫困人口按照初步的测算,到 2013 年底还有 690 万人,贫困发生率达到 16.4%,在全国这个总量可能是排到第 5 位,再往前 2010 年的时候,贫困人口是 1072 万人;第二,自然条件比较艰苦,石山区缺土、缺水,生态比较脆弱;第三,产业发展非常艰难,广西在做扶贫工作的同时也着力在发展生产,但是这些年来,在取得成绩的同时,老百姓的增产增收确确实实还存在很大的问题;第四就是整体的社会事业和其他发达地区相比差距还很大,无论是教育、卫生还是别的公共事业,与其他发达地区相比差距还是比较大的;第五就是当地居民的整体素质还是偏低。广西经过近两三年新一轮扶贫开发的工作实践,根据中央的要求,尤其是三中全会有关的要求,正在研究出台一些新的政策,着力在扶贫工作的机制上进行创新。

媒体观察员 D 表示,广西是大石山区,贫困程度高,脱贫难度大,其中有很多感人至深的故事，比如"扶贫状元"陈开枝，每次读他的事迹都会热泪盈眶。这期节目把篇幅大都放在了数据、政策和成果上，如驻村第一书记、帮扶干部、后援单位如何落实政策、过程中有着怎样故事，假如把这块内容做好了，让片子更富有人情味，会比现在好一些。

节目编导 B 表示，做这期节目很辛苦，深入到桂北灌阳和桂中金秀拍摄了两条短片，把特色产业、旅游扶贫带动村民致富的故事表现了出来，片子质量还不错。但是短片和访谈的衔接略显生硬，访谈内容没有就短片进行发散和深入，而是作为两个单独的个体，中间缺乏联系，套用业内常说的一句话，就是"声画两张皮"。

制片人 A 表示，为了做好这期节目，节目组做了大量的案头工作，梳理了广西卓有成效的扶贫措施，在宏观层面的介绍上做得比较到位。但是在微观层面的讲故事上，稍有欠缺。宏观下面应该有一个个微观故事作为支撑，才能把整个节目撑起来。目前节目缺乏微观故事，宏观层面宛如飘在空中，这样很难在观众心里落地生根。

二、节目内容和百姓生活的关联性不强

理论节目的创作难点在于如何把枯燥和抽象的理论形象化地表达出来，以引发观众的思考和共鸣。换言之，如何将"有意义"的内容转化为"有意思"的信息，使观众便于理解、易于接受，成为理论节目的主要问题。毕竟，"高雅文化理所当然值得引起道德和美学上的反响，而通俗文化只需要进行一次浮光掠影的社会调查就能解开它所包含的微不足道的含义"。

为探究《凡事说理》的节目内容和百姓生活的关联度，本书采用新闻框架理论。新闻框架理论的提出基于框架理论在新闻传播学中的应用。在新闻框架中，界限和架构往往可以被理解为对新闻信息的框选和新闻议题的建构，也就是对信息的选取和使用、对新闻事件呈现议题结构的确立。

最早将戈夫曼的"框架理论"引入社会学领域的是盖伊·塔奇曼。1978年，在《做新闻》一书中，塔奇曼认为："新闻报道实际上是一种框限部分事实、选择部分事实以及主观地重组这些社会事实的过程。"在这之后，框架理论在

该领域受到了广泛的关注,许多传播学家都对此提出了自己的观点,其中较为有代表性的是美国的两位社会学者甘姆森和吉特林。甘姆森被誉为框架理论最重要的研究者,他认为框架为人们认识和组织事物提供了思考基础,即框架是组织事物的原则。框架不仅从范围上规定了人们的认知,同时也在架构上对认知产生影响。吉特林则将新闻的生产和框架理论联系起来,使框架理论在新闻学领域有了更进一步的意义。吉特林对"框架"的定义是:框架是一个持续不变的认知、解释和陈述方式,也就是选择、强调和遗漏的稳定范式;通过这样的框架,符号处理者按惯例来组织话语。新闻框架理论发展至今已经形成了四大分析取向,分别是"框架单"分析取向、"诊释包裹"分析取向、"论述结构"分析取向以及"主题式"和"片段式"分析取向。①

根据新闻框架在新闻生产、信息选择重组、呈现议题和真实的应用,本书选取《凡事说理》播出至今的所有节目作为研究对象,从 2012 年至 2021 年,每年随机抽取 10 期节目,共 100 期节目,采用文本分析法和内容分析法,对《凡事说理》节目的高、中、低三个层次结构进行深入探讨研究。对节目高层次结构的分析包括了节目议题、标题与导语三个类目;对节目中层次结构的分析包括信息来源和文本内容两种类目;对节目低层次结构的分析包括节目基调、关键词和镜头画面三个类目。

在节目高层次结构中,节目议题即为节目所要表达主题的具体表现,具有明确的针对性与可讨论性。在各式各类的新闻作品中,议题都是举足轻重的一部分。《凡事说理》栏目组的工作人员通过对社会事件严格的选择、比对、排除,确定节目议题,并赋予其一定意义。节目标题将整期节目的主要内容、中心思想浓缩成简短的一句话,标题是对主题的表达和暗示,是对文本内容的概述。所报道案件的抽象意义通常以标题的形式显现出来。电视节目导语出现在节目的开头部分,是对接下来所要呈现的内容的精简概括,提出主要的新闻点,突出强调观众可能感兴趣的内容,吸引观众对接下来报道的内容进行关注。节目导语之所以归属于高层次结构框架之中,是因为节目主题常常通过导语表现出来。

---

① 臧国仁.新闻媒体与消息来源——媒介框架与真实建构之论述[M].台北:台北三民书局,1999.

在节目中层次结构中,消息来源是指新闻事实的提供者,为新闻报道需要的事件、观点、材料提供依据。在新闻工作者使用语言或者符号再现社会真实的过程中,不同立场的消息来源会产生不同影响。在电视节目中,消息与新闻的来源可以以采访对象表现出来,这些来源可以是不同人物从不同角度对所报道事件进行的观察。社会行动之竞争者,彼此竞相在媒介论域中争取言说论述的主控权。这些竞争者动员各自的资源与人力,建构符合各自组织框架的内容,并试图接近媒介,使其接纳自己的论点,从而对社会大众产生影响,建构社会主流思潮。因此,在新闻作品中,信源往往是比较重要的一环。

在节目低层次结构中,电视节目的制作者虽然会遵循新闻客观性的特点,力争为观众还原社会事件的原貌,但媒体也有着其自身的报道口径、基调、舆论指向。节目基调通常分为积极性、消极性以及中立性,通过节目中出现的词态、语态以及镜头语言表现出来;

节目的关键词与镜头画面在一定程度上会影响观众对节目内容的理解,观众的思考与分析会被节目所使用的词汇与镜头所框限。因此节目的关键词与镜头画面往往决定了整个节目的基调。

本文除了总结出《凡事说理》的节目高层次框架、中层次框架、低层次框架的具体特征之外,还归纳出影响节目框架的因素,包括电视媒体自身属性、市场因素和政治导向因素,希望对推动电视科学理论发挥积极作用。

(一)《凡事说理》高层次结构分析

框架的高层次结构是对事件的定性,即媒体选择什么主题来对新闻事实进行报道。在选择报道内容和主题时,媒体通常都以自身性质和利益为诉求。不同的信息对受众产生的认知影响也大不一样。

臧国仁认为框架包含选择和重组两个过程。在"看不见的手"的控制下,同一事件按照不同的排列顺序和时空意义被呈现,媒体报道框架会自然呈现出不同的特征。[①] 在新闻作品中,框架的高层次结构是对所报道主题的界定,新闻媒体通过对社会事件主题的界定来赋予一定的意义,并经由选择、强调、

---

① 臧国仁.新闻媒体与消息来源——媒介框架与真实建构之论述[M].台北:台北三民书局,1999.

排除、细密化等凸显事件某一方面的意义,进而提供解释的框架。框架的高层次结构经常以一些特定形式出现,如标题、导言或直接引句。因为标题在一定程度上是对节目内容的概括,表达或暗示了主题。而导语是对新闻事件的浓缩和提炼,与新闻标题共同表现新闻文本的中心主题。因此,本书将《凡事说理》的节目议题、标题、导语统归为框架的高层次结构。

1. 节目议题

戈夫曼曾说过,真实的片段常通过"一双看不见的手"重新塑形。经过重塑的事实可能会与原有内容相去甚远。节目议题的设置与媒介的"把关人"理论有不谋而合之处,媒体在数量繁多的议题中人为且有目的性地筛选出符合自身立场、满足自身需求的新闻报道主题。

对于节目议题的分析有助于了解节目组对哪方面内容进行有侧重的宣传、对哪方面内容有所弱化,进而发现针对该话题的报道框架和媒体的价值观。本章节将《凡事说理》节目的议题划定为以下四个类目:习近平新时代中国特色社会主义思想,广西壮族自治区党委、政府中心工作,社会热点和难点问题,特别节目选题。

第一,习近平新时代中国特色社会主义思想。

习近平新时代中国特色社会主义思想是《凡事说理》节目议题的重要来源,占比达到 38%。按照分布频率来看,2017 年以后,习近平新时代中国特色社会主义思想成为《凡事说理》最主要的节目议题,每个季度都有涉及,而且经常有系列报道。例如 2017 年的《扎实推进经济社会持续健康发展》《新思想:习近平新时代中国特色社会主义思想》,2018 年的《深化党和国家机构改革》《学习进行时:传统文化让民族复兴之路更加光明》,2019 年的《新中国一路走来》《我是中国共产党党员——中国共产党"能"》《我和我的祖国　向伟大复兴前进》,2020 年的《聚焦十九届四中全会　发挥制度优势　提升治理效能》《学习〈习近平谈治国理政〉第三卷》。

第二,广西壮族自治区党委、政府中心工作。

广西壮族自治区党委、政府中心工作在《凡事说理》节目议题中的占比为 24%。《凡事说理》作为一档扎根广西的电视科学理论节目,也要围绕广西壮族自治区党委、政府的中心工作,精心谋划,及时解读,讲好广西故事,传递广

··· 图3-1 2019年,《凡事说理》在广西灌阳县录制《不忘初心 牢记使命》
系列节目现场

西声音,把广西改革开放的成果展现出来,把壮乡儿女为建设壮美广西的雄
心壮志展现出来。这一议题分布较为平均,每个季度均有报道。例如2017年
的《共建北部湾城市群》、2018年的《建南向大通道 展开放新格局》、2019年
的《半年答卷 担当实干开创发展新局面》、2020年的《走向我们的小康生活:
大石山区的"美丽变身"》。

第三,社会热点和难点问题。

社会热点和难点问题在《凡事说理》中,占比为21%。这一议题涉及较
多,分布上有着明显的差别。2017年以前,例如《小康不小康 关键看老乡》
《期待职教改革的"蝴蝶效应"》《车改动真格 敢"啃硬骨头"》《谢师何必有
礼》《杜绝舌尖上的浪费》等。针对这些尖锐的话题,《凡事说理》针砭时弊,不
惧痛点难点,深入剖析背后原因,无论是在收视率还是社会影响力上均取得
不错成绩。2017年以后,该议题在节目中呈现较少,每年选题不超过5期。
例如,2017年的《旅游乱象能否令行禁止?》、2018年的《该拿什么拯救这些"小眼镜"》,2019 年和 2020 年则没有相关议题节目。

第四,特别节目选题。

特别节目选题是《凡事说理》每年的固定选题,节目占比为 18% 。在 2012 年党的十八大、2017 年党的十九大、2019 年新中国成立 70 周年、2021 年中国共产党成立 100 周年等多个时间节点,《凡事说理》均推出了一系列重要报道,营造出良好的社会氛围。

2. 节目标题

《凡事说理》的节目标题短小精悍,在内涵上意味深远,既将整期节目的内容进行总结和概述,又发挥引人入胜的作用。根据调查与总结,《凡事说理》的节目标题可以分为以下三种类型:总括式、悬念式和评论式。

总括式是标题呈现新闻事件的主要信息,多为陈述式短句,让读者一目了然。总括式也是《凡事说理》节目最为常用的标题形式,占比高达 65% 。例如,"扎实推进经济社会持续健康发展""全面依法治国:从国歌法实施说起""普惠金融,服务三农"等。

悬念式将新闻事件的悬念置于标题之中,多用疑问句或者修辞来引发观众的观看欲望。这类标题在节目中占比为 15% ,例如,"旅游乱象能否令行禁止?""高校抢'帽子'何时休?"。

评论式标题在节目中占比 20% 。例如,"丰收节,不仅是农民的庆典""庆祝改革开放 40 周年 自治区成立 60 周年""让土地发挥最大效益、纪律的篱笆越扎越紧"。

3. 导语

《凡事说理》的导语多是对当期节目以简洁的语言进行概括总结,并抛出疑问来引出主题,之后将节目镜头转换到访谈现场,展开对主要议题的叙述。本书将导语分为直接式、细节式和背景式三类。

第一,直接式——概述新闻事实。

直接式导语对主要事件和相关人物进行了简要说明,之后直接切入主题。这类导语占比为 56% 。例如在《清洁有长效 乡村焕新颜》节目中,就采用了直接式导语:

2013 年,一场旨在进一步改善城乡群众生活生产条件、创造良好人居环境的"美丽广西·清洁乡村"活动席卷八桂大地。要如何去破解农村垃圾处理的难题,走出垃圾围村之困? 一年多的清洁乡村活动,到底让农村的面貌有了怎样的变化,而老百姓从中又得到了什么实惠呢? 本期《凡事说理》节目,主持人许菲邀请广西住房和城乡建设厅副厅长吴伟权、广西大学环境学院院长冯庆革、大塘镇副镇长潘大林、"美丽广西·清洁乡村"工作队队员黎静航,一起来聊聊有关话题。

第二,细节式——细节切入,层层展示。

细节式导语从场景细节入手,通过对细节的描写引发相应的疑问和思考,进而通过节目的展开对主要议题的全貌进行剖析。细节式导语有着较好的代入感,故事性强,能够让节目迅速走入观众内心。这类导语占比较少,为5% 。例如在《学前教育 "普惠"为先》节目中,导语这样呈现:

每年到了入学季,适龄儿童的家长们为了让孩子能进理想的幼儿园,各出奇招,伤透脑筋。公办幼儿园占尽优势,价格亲民,让家长们心生向往,可惜僧多粥少,整个南宁市也就 20 多家,入园名额成了稀缺资源。那些口碑好、投入大的民办幼儿园,一学期的学费动辄上万元,却也早早满员了。为什么好的幼儿园这么难上? 如何才能从根本上解决入园难、入园贵的问题? 本期《凡事说理》节目,主持人许菲邀请了广西师范学院教育科学学院院长李福灼、媒体同行韦波、学前教育业内人士杨梅、幼儿家长葛丽玲一起做客演播室,和您聊聊学前教育的话题。

第三,背景式——由背景引入节目主要事件。

背景式导语将主要事件的社会背景作为引子,引出节目主要事件。这类导语有个优势——切回现场以后可以直接进入正题,省却主持人介绍背景的环节,能够加快节目节奏,增加节目信息量。例如,在《第一书记 扶贫新力量》节目中,导语介绍了广西扶贫大背景和派驻第一书记取得的成效,让观众一看就对广西扶贫有了基本了解:

到最贫困的村庄去,到扶贫攻坚第一线去。2012年初,广西选派3000名机关干部赴广西最贫困的3000个村庄,任村党组织第一书记。一年多来,3000名第一书记离开机关走向田间地头,与群众同甘共苦,盘活整合各类帮扶资源,形成脱贫致富的合力,激发了贫困村发展的活力。广西选派第一书记驻村的做法是当前开展党的群众路线教育实践活动的生动一幕。本期《凡事说理》节目,主持人许菲邀请两位驻村的第一书记庞雪、朱慧涛,还有我们的村民代表凌云县弄塘村村民王梅秀、中共广西区委党校陆义敏博士做客演播室,一起聊聊这个话题。

(二)《凡事说理》中层次结构分析

学者臧国仁在框架理论研究中将新闻报道的中层框架划分为主要事件、相关背景、结果影响、评价分析、事件归因五个方面,也就是框架的内容结构或层次,引导受众对于新闻报道的总体态度和情感,并进一步影响受众思考新闻报道的方式。这与梵·迪克所提出的假设性新闻图式结构不谋而合,在梵·迪克看来,话语宏观层次上的结构具有自己的组织原则,还需要特定的规则对主题或话题在实际文本中插入或排列的可能形式进行限定。

1. 消息来源

消息来源是指新闻材料的来源或愿意向记者提供消息、反映情况的人。消息来源的作用主要反映在两个方面,一是为所报道的内容提供一定的事实依据,二是选择不同的消息来源,使观众了解媒体报道的立场及态度。臧国仁把消息来源视作社会行动之竞争者,彼此竞相在媒介领域中争取言说论述的主动权。一方面,媒介选择哪家的言论对于新闻报道框架的影响会千差万别。另一方面,竞争者各自通过组织文化动员资源与人力,建构符合组织框架的言说内容,并试图接近媒介,以使自己的论点被接纳并成为新闻框架的核心与基本立场,从而影响社会大众,建构社会主流思想。

《凡事说理》消息来源主要有三类:嘉宾、主持人和短片采访对象。其中,嘉宾在其中占的比重最大,达到58%,主持人占比为30%,短片采访对象占比为 12%。通过对消息来源的分析不难看出，《凡事说理》是一档以嘉宾观点输出为主的访谈类节目，节目中的大段内容为嘉宾的叙述，主持人不时插话。

以《期待职教改革的"蝴蝶效应"》这期节目为例，嘉宾共有四人，分别是中共广西区委党校博士陆义敏、广西国际商务职业学院教师李斌、职业学校在校学生罗缘媛、广西水电学校学生家长李晓红，主持人为张航诚。在节目中，四位嘉宾一共发言 22 次，主持人发言 11 次，短片中没有人物采访。按照发言时长来看，嘉宾发言内容占节目的 70%，主持人发言占 10%，剩余为外拍短片。

2. 文本内容

台湾学者臧国仁和钟蔚文认为框架的中层次结构就是新闻的图式结构，包括主要事件、先前事件、结果、影响、归因、评估等类目。根据《凡事说理》节目内容，这些要素指涉的具体涵义分别是：主要事件指对文本中心内容的概述；先前事件指的是与主要事件距离较近且有直接关系的背景；结果是所报道内容引起的非言语后果；影响是所报道内容引起的间接结果，在这里指节目播出后为公众带来的启示与思考；归因指对报道内容深层次的分析，并找出原因；评估是对所报道内容的评论。这些类目共同组成了节目的文本框架（见表 3-1）。

表 3-1　文本内容分布情况

类目种类	主要事件	先前事件	结果	影响	归因	评估
节目期数	100	75	100	43	58	56
百分比	100%	75%	100%	43%	58%	56%

在所抽取的样本中，所有节目都涉及主要事件和结果两种类目，对于先前事件和评估的报道率也比较高，而对影响和归因的报道比重在几个要素中相对较低。

（三）《凡事说理》低层次结构分析

学者陈力丹结合梵·迪克的理论提出，人类的语言现象可分为语言和话语两部分，语言是抽象、系统的表达规则，话语是人们运用某种语言系统在具体语境中说或写作形成的文本，是语言系统在社会环境的交汇点。新闻是新闻工作者在一定的社会政治、文化等语境中运用语言系统叙述与建构新闻事实的产物。同时臧国仁的框架理论认为，低层次结构包括新闻报道的语言和符号等方面，其新闻框架通过修辞、句法及字词的使用表现出来。而电视是声画结合的艺术，本文对《凡事说理》对微观话语框架研究将结合其电视新闻述评类节目的特点，从报道的词汇和报道方式三个方面展开。

1. 词汇分析

梵·迪克在"社会—认知"模式中提出"话语""认知"和"社会"三个方面的概念，这三者是相互支撑、缺一不可的隐喻关系。他认为，话语使用者对基本语言的认知是建立在再现的事件情境和社会传播情境的基础上。在新闻话语中，话语使用者所选用的语言、采取的行文结构都是基于对新闻事件主体和社会现实的充分认知。词汇的选择和使用就表现出了话语主体对社会现实的关照和建构。

我们将100期节目的音频文件通过软件转化为文字，利用词频分析软件对文本进行分析，十大高频词汇依次为：习近平、理论、人民、广西、新时代、共产党、十九大、复兴、挑战、使命。

通过词频分析，可以看出《凡事说理》的节目主要围绕"习近平新时代中国特色社会主义理论""建设壮美广西　共圆复兴梦想""十九大""不忘初心　牢记使命"等话题来制作，这与节目的定位较为匹配。

2. 报道元素

《凡事说理》融入了多种电视制作元素，让节目富于变化，也更易于调动观众的收看积极性。报道元素主要有：解说、同期声、音乐、图表和字幕。

在每期节目中，《凡事说理》都会使用短片，其中会大量使用解说。解说能加快报道节奏，用尽量短的篇幅容纳尽量多的信息。解说一方面紧密联系主题，另一方面也会与画面有机结合，形成声画对位。

《凡事说理》同期声包含两块内容，一是短片中采访对象的同期声，在100期节目中，有86期节目使用的是采访同期声。采访同期声能提升信息的可信度，拉近与观众的距离，让短片更具温度和关怀。二是演播室访谈中的同期声，这是每期节目都会具备的。

　　恰当的音乐选取,一方面可以使电视新闻更立体,达到声情并茂的效果,既能深化节目主题,又能达到良好的传播效果。另一方面可以渲染新闻报道的气氛,将节目中的情绪和感情传递给观众,让观众产生情感共鸣,增强节目的感染力。音乐运用是《凡事说理》的一个短板。短片、访谈很少添加背景音乐,大段使用原声,成片效果略显平淡。

　　电视节目中的图表是指综合运用文字、数据、符号等元素,以实现数字类比或对比更加鲜明效果的图表形式。新闻图表能对真实的统计数据进行分析和浓缩化的展现,将抽象的内容具体化,既直观又明显,避免了数字的乏味,便于观众理解,使新闻报道更具易读性。在《凡事说理》节目中,后期编辑会适时插入二维信息图表,例如柱状图、饼状图、折线图,将复杂的数据信息简洁直观地呈现。

　　电视新闻中的字幕是重要的视觉表达元素,可以在适当修饰画面的同时,使节目内容更加清晰,在承载和传播信息方面,发挥着不可取代的作用,可以让观众更加直观地理解节目内容,快速把握新闻重点,激发其观看兴趣。为提升传播效果,《凡事说理》节目中就广泛地使用了字幕辅助报道,字幕主要包括"标题字幕""整屏字幕"和"人声字幕"三个类型。

　　通过框架理论对《凡事说理》进行全面剖析,不难看出,节目内容和百姓生活关联度不高,形式较为生硬,难以引起观众共鸣:

　　高层次上,《凡事说理》节目议题偏宏观,着重讲述大政方针,与老百姓的日常生活关联度不高,难以吸引受众观看;节目标题以总括式为主,流于常规,未能起到设置悬念、埋伏笔的作用;节目导语多为直接式,平铺直叙,细节式和背景式偏少,新闻味浓,讲故事性弱。

　　中层次上,《凡事说理》信息来源主要集中于嘉宾和主持人,话语权过于集中,长时间的叙述容易让受众困倦和疲乏;在文本内容方面,先前事件和结果报道比例大,对于影响和归因报道少,可见节目对于政策背后深层次的原因解读不到位,未能做到透过现象看本质。

　　低层次上,《凡事说理》的词频分析基本与节目议题相吻合,集中于"十九大""新时代"等较宏大的词汇;报道元素相对贫乏,对音乐、动画、特效等元素运用较少。

第二节 | "故事"需要精彩的"讲述"

吸引人、打动人、激励人,这是主流媒体在创作重大题材尤其是主旋律题材必须达到的目标。① 因此,在讲故事的基础上,还需要讲得精彩。故事讲得精彩,关键在人。就《凡事说理》的实际来看,故事讲得是否精彩取决于主持人和节目嘉宾。

首先,主持人和嘉宾担任着讲述者的角色,通过讲述让观众了解谈论的主题;其次,他们也是栏目的代言人,与栏目形象联系在一起,一提起某主持人,便能第一时间想到《凡事说理》,反之亦然。《凡事说理》的主持人,多为广西广播电视台新闻中心资深的主持人,有着丰富的从业经验和扎实的基本功,节目嘉宾多为区内的知名学者和行业专家,具有一定权威性。在广西区内,这已是较高配置。虽然《凡事说理》是一档在广西卫视播出的科学理论节目,但是受众面向全国,需要和《这就是中国》《时代问答》等国内一流科学理论节目正面较量,如果仅限于现有配置,与国内其他一流科学理论节目仍有不小差距。基于此,《凡事说理》在"故事"的"讲述"上,还需再下功夫。

一、现有专家说理深度不足

马克思主义理论研究和建设工程,简称"马工程"。"马工程"由中宣部负责具体组织实施,中央党校、教育部、中国社会科学院、中央编译局等作为主要参与单位承担各项任务,一批思想理论界的领导同志和资深专家组成工程咨询委员会负责审定。同时,还专门设立工程办公室,负责组织协调工作。②

马克思主义理论研究和建设工程自 2004 年 4 月启动至今已经超过 17 个年头。回首往昔,累累成果令世人瞩目。10 卷本《马克思恩格斯文集》、5 卷

---

① 庞通,黄继屏."唯快不破"制胜之道——三集电视专题片《海上新丝路》的创新实践[J].中国广播电视学刊,2014(2).
② 储著武.党的十八大以来中国特色哲学社会科学建设的重大进展[J].世界社会主义研究,2019(10).

本《列宁专题文集》、新版《马克思恩格斯选集》《列宁选集》等一批经典著述陆续编译出版,《马列主义经典著作选编(党员干部读本)》《马列主义经典著作选编学习导读》《中国特色社会主义学习读本》《科学发展观学习纲要》等一批重大理论辅导读物相继推出,《理论热点面对面》等系列通俗理论读物接连面世,《马克思主义哲学》《马克思主义政治经济学概论》《政治学概论》《社会学概论》《新闻学概论》《中国近代史》《思想道德修养与法律基础》《西方政治思想史》等一大批高校重点教材也已进入课堂,近5 000篇相关理论文章在主要报刊陆续发表。中国记协名誉主席、马克思主义理论研究和建设工程咨询委员会委员邵华泽说起这一工程时感慨万千:"成果丰硕、意义重大、影响深远,是中国共产党政治思想建设史上值得大书特书的一笔。"

翻开马克思主义理论研究和建设工程的名册,可以看到,这里汇聚的600多位课题组专家,无一不是学术界、教育界、研究机构中成就卓著的学者。据统计,直接参与这一工程的专家共有3 000多人,间接参加的学者人数多达数万人。正是这支优秀的队伍,以丰厚的学养、坚定的信念、执着的追求,兢兢业业,不辞辛劳,全身心投入马克思主义理论研究和建设工程。

为加强对马克思主义基本观点的研究,"马工程"集中了200多位专家,设立了18个子课题进行分类研讨,对经典作家的一系列重要观点进行追根溯源的梳理,对国内外理论界各种观点进行分析鉴别,推出了一批有价值的研究报告,为工程的学科建设和教材建设打下了基础。"马工程"还确立了一大批专门课题,深入研究中国特色社会主义经济建设、政治建设、文化建设、社会建设、党的建设和生态文明建设中的重大问题,形成了一系列有价值的理论成果和对策建议。《理论热点面对面》等系列通俗理论读物受到普遍欢迎,年发行量突破500万册。

参与"马工程",不但要具备马克思主义理论素养,还要深入研究相关学科的专业,掌握丰富的学术资料,实事求是,钻研问题,有所创新。专家学者们对每一本教材都要开几十次的统稿会,反复修改;有的最后仍不满意,干脆推倒重来。每位专家都有繁重的教学和科研工作,但他们克服了种种困难;尤其是课题组首席专家,作为学科带头人,更要综合各类观点和意见,充分发挥集体智慧和团队作用。甘于奉献,学风端正,可以说是各课题组专家的精神写照。

《凡事说理》创办至今，邀请"马工程"专家参与录制的次数较少，参与嘉宾大多为区内的学者。出镜次数较多的有广西社科院工业经济所所长姚华、广西民族大学教师刘建民、中共广西区委党校博士陆义敏等。国内专家不仅学术功底深厚，前瞻性强，而且具有一定的社会影响力，能够成为节目的"金字招牌"。

笔者 2021 年 6 月到江苏广播电视总台《时代问答》节目组进行调研，纪录片制作中心副主任戴波、《时代问答》栏目制片人周大伟等与调研小组座谈。《时代问答》栏目自开办以来，始终坚持邀请国家级的马工程首席专家作为主讲嘉宾，确保每期选题的思想性、准确性和权威性。主讲嘉宾作为节目灵魂，从选题开始编导便积极沟通，对接主讲嘉宾，让主讲嘉宾更多地参与到节目制作中来。栏目组编导内部共享一份名为"马工程专家名单"的文档。这份文档中，详细地列出了马克思主义理论研究和建设工程出版的近 30 部书（如《马克思主义哲学》《马克思主义政治经济学概论》等）的名称、对应的编委会成员名单及其职务。《时代问答》栏目组的编导会严格地在这份名单中进行筛选、联络，并敲定每一期节目的专家学者，可以说这是《时代问答》各期筹备过程中最重要的工作。

为了便于邀请权威嘉宾，节目组专门在北京定制了一个演播室。为使节目呈现出最好的效果，演播室采用国际先进的访谈演播室设计理念，在造型、灯光和屏幕运用方面均达到一流水平。背景大屏使用了先进的 DLP 超高清拼接大屏，拼缝小于 0.5 毫米，单屏分辨率极高，色彩还原准确逼真，大大丰富了拍摄手段和视角，对节目呈现起到了很好的促进作用。[①]

经过多方努力和精心打磨，终于啃下了"理论宣传电视化"这块硬骨头。《时代问答》节目也逐渐成为江苏卫视彰显社会责任感、高扬主旋律的一面旗帜，产生了良好的社会反响。此外，江苏广播电视总台争取到了中宣部的理论宣传项目，如《马克思是对的》《我们的新时代》等节目在江苏卫视播出，获得了良好传播效果。

---

① 戴波《时代问答》：理论大家的"电视秀"[J].北方传媒研究,2016(2).

对于电视理论节目，专家学者不仅仅是具有主观能动性的传播者，也是一种具有意义表述和价值展现的重要形式、一种符号化的象征。就实际来说，大多数观众对于专家学者在电视理论节目中的言论，一般是被动地接受和理解。因为对于普通观众来说，专家学者的社会身份和形象建构给了他们绝对的信任感和说服力。也就是说，专家学者的政治形象和身份在每一期的电视理论节目中不断重复和固化，经过电视理论节目观众的检视、判断和联想之后，逐渐成为一种特定的象征符号。专家学者在电视理论节目中的符号化，在一定程度上更加有利于电视理论节目的传播。符号化了的专家学者，其身份更容易被受众识别；同时因为其采用的是固有的形象和话语风格，在受众心中根深蒂固，因此节约了沟通接受的成本，促进了政治沟通。在前两者的基础上，以专家学者作为政治符号的电视理论节目才能更好地发挥政治传播功能，实现政治社会化。

《时代问答》的成功经验，也给《凡事说理》提供了参考和借鉴，多邀请学界和业界的大咖参与，是今后努力的重要方向。

二、节目推进缺乏灵魂人物

《凡事说理》没有固定嘉宾，每期节目嘉宾均为临时组合。从符号学的角度来看，节目嘉宾为作为公众人物，其本人的各种附加值就是符号。不论是他的观点表达方式还是身份定位符号早已吸引了一批粉丝。节目嘉宾将晦涩难懂的政治术语、在观众生活中难以发觉的成就发展讲出来、讲明白。观众在观看节目内容的本身，也是在消费节目嘉宾特有的权威性，大众认同的身份给节目带来一种社会认可的话语权，加上受众人际传播的"口碑"效应，节目嘉宾很多时候便成为节目受众的文化引导力量。

2021年6月，笔者到东方卫视旗下的《这就是中国》栏目组进行调研。在上海广播电视台，东方卫视副总编辑周捷、《这就是中国》栏目制片人曹贲等与调研小组座谈，介绍了节目选题策划、制作流程、嘉宾选择、新媒体运营等创作经验。《这就是中国》栏目以著名学者张维为教授作为常驻嘉宾，通过中外大量实例、数据对比，阐述中国之治的优越性。栏目选题紧扣大国博弈的热点前沿,制作了《看清虚伪的美国人权》《对西方双重标准说不》《呼吸机上的资本主义》等一批话题性、理论性较强的电视节目。

图 3-2　2021 年 5 月,本书调研组到上海与东方卫视
《这就是中国》主创人员交流

《这就是中国》栏目从 2019 年 1 月开播以来,迄今已播出节目 160 多期,成为东方卫视的品牌节目,多次得到中宣部和上海市委宣传部的表扬,荣获上海新闻奖名专栏奖和国家级外宣类奖项。据主创人员介绍,节目有三个方面的特色和亮点。一是紧扣热点选题,讲述方式接地气,激发了年轻观众的收视热情。二是鼓励跨界传播,利用年轻人喜爱的新媒体平台传播正能量思政内容。三是以嘉宾主持张维为为中心,打造栏目朋友圈,运用社群化的方式将节目粉丝捆绑在一起,共同为节目选择话题,出谋划策。《这就是中国》节目创新性地设置了“策划编前会”环节,邀请国内主流媒体资深记者、编辑和中国模式研究专家共同组成策划组,在节目开始之前就本期话题展开讨论,找到话题的核心点和本期节目需要解决的核心问题。①

张维为,曾作过邓小平的高级翻译,目前担任复旦大学特聘教授、复旦大

---

① 朱濛濛《这就是中国》:三个“结合”打破传播圈层[J].广电时评,2019(12).

图 3 - 3 2021 年 5 月，本书调研组赴上海参观东方卫视

学中国发展模式研究中心主任，也是《这就是中国》的核心创作人员。对中国话语及中国问题有着非常细致的研究。从其个人经历中可以看出，张维为常年从事国际关系和政治研究。从 2011 年开始，张维为接连发表了有名的"中国震撼三部曲"。此后，张维为成为论证中国模式、中国话语的代表人物。而"张维为"这个名字也开始和"正能量""中国自信"等词语连接在一起，颇具影响力。节目组每期邀请两位嘉宾，张维为教授则是固定嘉宾兼节目主讲人，他以自己深刻的政治观和独到的视角，通过演讲的方式为观众答疑解惑。例如，在《百年未有之大变局》这期节目中，张教授提出："新冠肺炎疫情爆发后，西方世界秩序出现混乱，中国到了展示自己实力的时候了，百年未有之大变局对中国来说也可以说是百年未有之大机遇，我们要奋发有为。"张维为教授作为中国政治学者、中国发展模式研究中心主任，可以说观点十分具有专业性和权威性；最后，张维为教授还会与现场观众展开热烈讨论或辩论，这个相互讨论的过程是深化认识的过程，也是将中国制度、中国理论、中国道路、中

国文化的优势和先进性讲清楚、讲入人心的过程。

　　张维为作为兼具话题与影响力的学者,在电视政论节目《这就是中国》中无疑发挥着重要的作用。在张维为的主讲过程中,可以发现节目的提纲式、框架化特点不突出,节目风格自然随和,亲近和谐。作为节目的主持人,张维为本身就发挥着意见领袖的作用,他向观众解读了"什么是中国"以及传递新中国建国70周年以来我国社会各方面取得的成就,他的观点在很大程度上决定了该节目的价值走向和信息宽度,无形中传递了民族自信。

　　目前,《凡事说理》邀请国内知名专家学者作为节目常驻嘉宾仍存在较大难度,可以从广西区内着眼,邀请学识、谈吐、气质较好的学者常驻节目嘉宾,并培养其成为节目的名片。

第四章
《凡事说理》节目的表现形式老化

　　《凡事说理》是广西理论界和媒体相结合共同推进科学理论大众化的有益探索和创新举措,在全国各大电视媒体中走在前列。节目开播以来,观众反响热烈,收视率节节攀升。根据央视索福瑞发布的电视收视数据调查排名,多期《凡事说理》节目收视率达到 1 个点,在广西广播电视台新闻频道的节目排名中居于前列,说明这档节目得到了观众的认可。

　　《凡事说理》的节目定位为"理论大众化访谈节目",紧扣全国和广西改革发展的重大理论和实践问题以及人民群众普遍关注的热点、难点问题,通过嘉宾访谈的形式,深入解读党和政府的政策措施,解惑释疑,凝聚共识,引导广大观众正确认识改革发展过程中出现的各种社会现象,明辨是非。节目开播近九年来,每周一期,迄今已播出 400 多期节目。

　　《凡事说理》作为一档较为成熟的电视节目,开播九年来,积累了很多制播经验,也形成了自己的栏目风格,有着一批较为固定的粉丝。笔者认真回望过往,从采、编、播的电视一体化流程,总结栏目存在的不足,为今后节目的改版升级提供现实经验。

第一节 ｜ 电视艺术的表现手法不够丰富

　　传统电视理论节目以对话访谈居多,表现手法不够丰富,节目形式、内容表达略显单一,在如今的电视市场,难以引起社会群体的关注与情感共鸣。所以,对于电视科学理论节目而言,需要从内容策划与形式组织上,改变原有的理论宣教模式,将观众摆在重要的位置,以观众的审美喜好引领节目制作风格,以满足多数普通民众的节目观看需求。对于《凡事说理》来说,在电视艺术的表现手法上,需要不断推陈出新,紧跟行业发展步伐,方能立于不败之地。

一、"凡事"短片表现力不足

《凡事说理》的短片主要服务于访谈主体,用外景的形式呈现相关事例和政策背景,让观众能有直观的认识。假如一直是嘉宾在叙述,难免有自说自话之嫌。另外,适当插入短片,也可以改变节目的节奏,避免观众视觉疲劳。

《凡事说理》的记者在拍摄时,往往都会选择先呈现目前的、当下的状态,先从相关事例切入,以一种类似于"倒金字塔"的结构进行讲述。新闻专题片的结构与戏剧有一定的相似性——先呈现整体情节,然后对冲突与发展进行特写,再呈现转折与高潮,最后以结局收尾。如果将新闻专题片看作是"可视化文本",那么其文本内容的信息涵盖程度和重要程度往往随着叙事的推进呈下降趋势,所引发的观众共鸣却随着线索的不断展开而增强,可看性也不断增强。

而对于电视新闻专题片而言,细节的展现对专题片的成败则起着关键的决定性作用。新闻专题片的细节一般包含三个方面,即画面细节、解说(文字)细节和同期声细节。这些细节使专题片的故事更加立体,人物更加生动,情绪更加饱满。在进行新闻"故事化"时,新闻记者要善于捕捉那些动人的瞬间和细节,用细节去"填充"故事,从而给观众留下深刻的印象。

《凡事说理》目前的节目,"新闻化"重,"故事化"弱。拍摄手法以常规专题片为主,解说词多,同期声少,叙述偏理性,感性元素少,以交待信息为主,同质化严重。

比如在《拍苍蝇又打老虎 且看反腐新动向》这期节目中,短片文本信息如下:

4月28日,中央纪委监察部网站通报了174件违反中央八项规定精神的典型案件,处理208人,这是该网站连续四周进行集中通报。这些案件是4月21日至25日由各级纪检监察机关查处的,本次通报的案件涉及30个省区市和新疆生产建设兵团,还包括教育部和中国电信集团公司。其中,广西有七起违反中央八项规定精神的典型案件。这七起典型案件分别是:梧州市商务局组织公款旅游;防城港市财政局违规发放购物卡给干部职工;南宁市国土局土地开垦中心主任王骞、信息中心主任黄国强等人用公款购买、赠送、发放购物卡;桂林市灌阳县黄关镇党委书记莫家斌违规购买使用公车;北海市规划局规划监察执法支队组织干部职工公款旅游;玉林市博白县财政局违规建设楼堂馆所;崇左市大新县安监局局长农军违规使用公车。

至此,中纪委4月发布的四个"周报"共计通报719起典型案件,31个省区市均有涉及。此外还涉及教育部、国家税务总局、质检总局、海关总署等四个国家机关,中国电信集团公司、中国石油天然气集团公司、中国铝业公司等三个单位,共处理领导干部823人,其中乡科级692人、县处级122人、厅局级九人。乡科级仍是违反八项规定的高发群体,这些典型案件主要涉及公车私用、公款接待、公款吃喝、公款旅游、违反工作纪律、大操大办婚丧喜庆等问题。违规人员分别受到了免职留党察看、党内严重警告、党内警告、行政记过等处分。

乍一看,这期节目内容和一条电视消息无异,没有电视专题片讲故事的韵味和趣味。《凡事说理》的短片部分仍是四平八稳的新闻叙事风格,整体来看,节目风格缺乏变化,可看性不足。

二、"说理"过程感染力欠缺

长期以来,理论往往被人为地贴上"高深莫测"的标签;在不少学者眼里,理论就应该曲高和寡,仿佛一说家常话,就缺乏理论高度。其实不然,用家常话、大众话讲出深刻的道理,更显理论功底与水平。满纸不着边际的大话、故作高深的空话、绕来绕去的套话,只会让群众生厌,提不起一点兴趣。而鲜活通俗的表达,总是让人喜读爱看。正所谓"深入浅出是通俗,浅入浅出叫庸俗,浅入深出最可恶"。

(一)以棚内清谈形式为主

《凡事说理》的常规节目,为主持人和嘉宾坐在演播室内进行录制。双方就相关内容,进行讨论和解读。虽然中间会穿插短片,但是节目主体以棚内清谈为主。和国内一些优秀科学理论节目相比,《凡事说理》表现形式仍显较为单一,缺乏节目创新。

我们先看一个例子。在《让信用成为市场经济基础桩》这一期节目中,主持人和嘉宾在近十分钟的时间中,都是一直在交谈,直到短片进入,才结束了这段对话。

【张航诚】 这次的福喜过期肉事件,连带着麦当劳、百胜餐饮等餐饮行业巨头都纷纷被调查,因为他们很可能明知道这个肉是有问题的,是过期的,还是照样进货,然后再去卖给消费者。这样的行为持续了多长时间?还有就是他们为什么敢这么做?还需要有关部门去调查。其实我们老百姓关心的是:他们为什么要这么做?

【高歌】 一方面,监管还是不到位,像这样的跨国公司到了中国以后,长期以来中国对他们实行的是超国民待遇,对他们的监管相对而言是比较松的,检查的力度是不够大的。另一方面,我们现在对这些出了问题的公司进行罚款处理,相对而言也是不到位的。

【李静敏】 在福喜这个案件中,生产规范对于中国和国外实行的是两个标准。那就说明,它制定标准的时候肯定是依据当地法律的,那我们国家法律的门槛、我们食品安全的检测标准是不是太低了,所以导致他们钻漏洞。所以我觉得法制方面亟需完善。

【汪苏文】 媒体也报道了,说麦当劳、百胜他们不选上海福喜做供应商了,但是转过头,又找到福喜集团的另外一家荷兰的福喜再做供应商,还是福喜集团,说明违规的成本对福喜来说还是太低了。

【韦波】　在采访过程中,这个事情的连锁反应,南宁乃至广西也在查处麦当劳、肯德基的一些问题肉,但是问到顾客的时候,他们也都会说:我不吃这个,我去哪吃?会有比它更好的选择吗?就像刚才你说的那样,不选上海福喜了,它在国内为什么就找不出一家能够超过福喜的公司供应给大家能够放心的肉,只能掉头跑去荷兰继续去找荷兰的福喜?这可能也是我们需要解决的问题。

【张航诚】　像福喜这样的大公司出了事就危机公关一下,立马就过去了,没有受到相应的处罚,没有受到相应的整治。这样下去是不是会对我们整个市场经济的体系产生一定的危害?

【韦波】　影响肯定是有,但是像麦当劳、肯德基这样,能够危机公关的,国内企业有几家?尤其是很多国有的大企业,哪怕有危机,就不公关,最后还是不了了之了。

【汪苏文】　阳光是最好的消毒剂,很多东西从引进开始,都应该要公开。不光福喜要公开,国内大的餐饮企业一样要公开。现在国内连锁的餐饮品牌很多,而南宁的快餐连锁在全国来说是相当发达的。那么我们在引进国外餐饮品牌的同时,能不能也帮助这些小的粉店,使它享受好的待遇,让它发展得更快一点,让它早一点形成能够和麦当劳、肯德基相竞争的环境,让我们老百姓多一些选择。

【李静敏】　这一次的事件,我想对食品行业具有里程碑的意义。当年三聚氰胺事件导致三鹿消失了,而这次这么大的一个事件,会导致什么样的一个后果?我们大家好像都在观望。

【高歌】　公司一旦出问题,它产生的影响,如果说对于小公司的影响是一个点,对于大公司的影响就是一个面,造成的负面效应是非常大的。小公司就会想,这么大的大公司都出问题了,我们小的就无所谓了。但是实际上,在中国向市场经济体制转变的过程中,法律需要不断地完善、不断地健全,信用体系要不断地建立。

【张航诚】　像很多福喜这样的跨国大公司出现诚信问题,损失的肯定是它的市场份额,但对于更多的国内中小企业来说,一旦信用变差关乎的就是生存问题了。信用差、风险高、融资难，正是目前国内中小企业面临的普遍难题。我们来通过一个视频了解一下。

试想一下，一名普通电视观众，能否耐着性子，坐在电视机前观看主持人和嘉宾就一个问题进行长达 10 分钟的讨论呢？

2017 年 11 月，浙江卫视创新报道形式，推出电视理论专栏节目《中国共产党为什么能》，宣传党的主张，阐释党的创新理论，深入解读习近平新时代中国特色社会主义思想的核心要义和精神实质。2021 年 5 月，笔者来到浙江广播电视集团调研《中国共产党为什么能》栏目。

图 4-1　2021 年 5 月，本书调研组赴杭州与浙江卫视《中国共产党为什么能》栏目组座谈

在调研座谈会上，主创人员介绍了《中国共产党为什么能》栏目的创编经验。首先是走出去，面向基层宣讲理论。栏目组提出"一条板凳"原则，即理论嘉宾和群众的宣讲距离就是一条板凳，将电视理论宣传延伸到村长社区、车间工地、机关学校、科创基地。其次是活起来，理论宣讲互动性强。栏目打

破以往"自上而下""一对多""灌输式"的理论宣讲形态,通过内外互动、多点联动的问答环节,打破地域时空界限,让问题更具有广泛性,让解读更具针对性。最后是大投入,大量运用先进舞美技术。

········ 图4-2 2021年5月,本书调研组赴杭州参观浙江卫视节目录制 ········

比如在第四季《浙江精神》节目中,栏目组将演播现场设在钱塘江边,用灯光把200米长的江岸全部打亮,同时运用虚拟前景技术将整个舞台与钱塘江融成一体,极大增强了现场和电视画面的视觉美感。本期节目以"浙江精神"中的"务实精神"为主题,邀请复旦大学教授何俊、中共浙江省委党史研究室原副主任金延锋、浙江省政府咨询委员会委员蓝蔚青三位嘉宾,共同讨论务实精神背后的内核和在新时代的运用,江清月近人,听潮讲道理。

(二)节目缺少矛盾和笑点,节奏过于平缓

电视访谈类节目的采访,要细、精、准,把握最有意义的内容提问,才最有观看价值。对嘉宾的采访,主持人要熟悉嘉宾的背景资料,改善提问的内容及方法,将嘉宾的闪光点展现给广大观众,把握关键重要的信息,提问他人问

图4-3　《浙江精神》节目现场

不出的问题,行他人所不能才是成功的典范。

现在的《凡事说理》,主持人和嘉宾都在各自阐述各自的内容,观点的交锋很少,现场也没有矛盾和笑点,看完后给观众留下的印象不深刻。

在《作风建设永远在路上》这期节目中,选择"作风建设"作为主题。作风建设是党的建设的永恒主题,在中国共产党的发展历程中,领导革命、建设和改革取得胜利和成就的经验中都贯穿着加强党的作风建设的实践,都把建设党的事业与建设良好的作风紧紧地联系在一起。作风建设的核心是保持党同人民群众的血肉联系,是以人民为中心价值取向对党自身提出的道德要求。以习近平同志为核心的党中央把中央八项规定作为加强作风建设的切入点、全面从严治党的突破口,率先垂范、身体力行,较真碰硬,善做善成,开创了全面从严治党新局面,推进中国特色社会主义进入新时代。这个主题,不仅具有理论的深度,也兼备生活的温度,与每一位老百姓都息息相关。但是在实际操作中,嘉宾和主持人的话语和观点略显温和,没有直击"作风建设"背后敏感的神经,流于平淡。下面,我们看看实例:

【许菲】　各位看了这样的一份成绩单,相信都会觉得很振奋,一项项的数据可能能够最直观地体现出我们工作的成效。那么对于成绩单里提到的各项整改的内容,不知道我们在座的各位有什么样的感受呢?

【刘建民】 从我自身的感受来讲,我觉得有两点是感受特别深的:第一个就是开会越来越简朴,第二个就是吃饭应酬越来越少了。我举个例子来说,前两天我们在社区开会,省级、市级、城区一级,三级部门加上高校的学者,20多人在社区从下午开会一直开到晚上7点半。开完会以后大家就各回各家,因为我们规定南宁市本市区没有接待用餐,从作风建设上来说,我觉得可能大家更体现了对制度的遵守,更体现了公务员的纪律性。如果说没有这条纪律,大家从人情、从面子的角度出发,怎么样城区这一级政府也要把上级领导留下来吃顿饭。但是现在上级领导主动提出来不留,城区政府也不主动请求,我觉得这就充分体现了反"四风"以后公务员系统的廉洁、自律现象。

【韦波】 很多以前的高档酒楼,现在走的都是市场定价、平民化的路线,这个博弈给老百姓带来的看得见的变化还是确确实实存在的。

【许菲】 韦波你觉得除了这一块,还有别的什么方面感受比较深?

【韦波】 像特权车闯红灯的少了。以前按个喇叭,随便把你叫开让我走,这样的一些现象现在基本上没有了。民族大道以前经常会听到这样的喇叭声,也看到很多特权车闯红灯的现象,自从桂O车牌被取消以后,大家都平等了,谁闯红灯交警逮到谁就罚谁。对老百姓来说,这也是实实在在的变化。以前大家都觉得管不了,也不可能管,但现在这样的风气切切实实被刹住了,对老百姓来说这是一件好事情。

【尹红英】 我从很多亲身的经历可以感觉到,我们去各个政府部门办事,确实公务员是"就事办事",他不再涉及人情。前不久我去派出所办户口迁移,第一次去的时候他就告诉你,需要的材料有什么,齐全了就很快。我第二次去的时候,十分钟就办好了。所以我们可以看到,现在就是说你办事只要符合正规的程序,那你就能够顺利地办好,不再像以前老百姓非常痛恨的,要送个红包、找个熟人那样。

【许菲】 对于咱们的反"四风"不知道周边的群众是怎么来看待的呢?

【韦波】 老百姓对这一轮的作风建设整改还是给予肯定的,他们切切实实地感受到中央的决心和基层风气的转变。他们最大的感受是:以前大家觉得这样的一个事情是没有办法改变的,这种风气好像谁都扭转不了,形成了大家的无力感。而这一轮的整改,就说明我们的党还是一个纪律严明的队伍,这个队伍是能够令行禁止的。这个风气只要共产党人下了决心,是能够得到扭转的。这才是老百姓、老党员们觉得最欣慰的一点。

【刘绍卫】　这次习近平总书记在群众路线讲话里面就讲到一个核心的节点:就是要从严治党,群众路线要落实到作风建设这个关键上面来。所以我们老百姓看到新一代的中央领导集体下了决心、啃了硬骨头、动了真感情,真正是为老百姓做实事的。

上述的访谈实录,嘉宾所举例子没有代表性和冲击力,嘉宾和主持人之间互动贫乏,嘉宾的观点也并不尖锐,阐述的大部分篇幅集中在对"四风"表面的理解。

《凡事说理》每期的嘉宾都是行业资深人士和媒体代表,对于相关领域有着深刻洞察,其观点有着一定的代表性和专业性,这对于观众而言是具有吸引力的。"文似看山不喜平",虽然《凡事说理》是一档科学理论节目,但也可以做得或寓教于乐,或跌宕起伏,用节目的吸引力把观众牢牢锁定在屏幕前。

(三)嘉宾单一输出,缺乏和观众互动

嘉宾互动是电视访谈类节目中不可缺少的环节,它在很大程度上影响着节目的现场气氛。但有些电视访谈类节目并不重视观众的参与,简单的演播厅里只有主持人和嘉宾,现场没有观众。在常规的《凡事说理》中只有主持人与嘉宾的交流,一张桌子前两端坐着主持人和嘉宾,没有场内观众的参与,采访时就会给人一种冷清的感觉。在我国知名的一些电视访谈类节目中,其中有部分节目是没有现场观众的,嘉宾来节目中做客,难免会紧张,人在紧张的情绪下,口语表达就会有所失常,不能将事先设定好的故事及情感用充分表达出来,导致事倍功半。再加上节目中没有现场观众,场外观众也没有通过各种方式参与互动,只有嘉宾一个人在说,紧张感就会自然而然地加重,会说话重复,表达不清,甚至语无伦次,使节目进入尴尬的境地。其实在这种情况

下,观众的参与会在很大程度上缓解紧张尴尬的气氛,现场观众们热烈的掌声、欢呼声都会给嘉宾带来很大的影响,像一阵暖流温暖着嘉宾的心,使嘉宾消除紧张感,打开心扉,与大家交流情感。

多数的电视访谈类节目都是有现场观众的,但这一有效提高节目氛围的资源在很多节目中并没有很好地被利用,现场的观众只是作为倾听者,默默地注视着台上的嘉宾与主持人的交流,并没有参与到他们的谈话之中,唯一的行动就是在特定的时候按照节目的指示为主持人和嘉宾鼓掌,没有亲自与嘉宾对话,也没有亲自向嘉宾提问,更没有利用微信、官方微博等形式表达自己的想法、观点。观众只倾听不做回应的行为,在现场谈话中,其实具有无形的杀伤力。对于嘉宾而言,并不是现场越安静越好,他们渴望轻松欢快的氛围,希望得到热情的回应,这样会在谈话中畅所欲言。然而面对没有反应的观众,只有主持人一人与嘉宾谈话,嘉宾会产生被冷落的感觉。

因此,《凡事说理》常能看到嘉宾往往在节目开始时很兴奋,可随着节目的进行气氛并没有随之变得高涨,嘉宾的情绪也会显得有些低落,这就是缺乏观众互动的结果。

第二节 | 电视技术的制作手段缺乏创新

《凡事说理》是一档电视访谈节目,大部分场景在演播室录制完成。这对于栏目的舞美设计提出了较高的要求。舞美好,节目的视觉效果便好。电视舞美设计具有独特的艺术形象、审美个性与审美价值,具体表现为创意美、造型美、空间美、材质美、色彩美与光效美等,它们共同构筑了电视舞台艺术的视觉美。电视舞美设计是一个综合体,这些艺术成分在舞美中不是简单的组合,而是在电视节目一度、二度与三度创作中进行有机融合,在特定的艺术构思中使各种艺术成分发生变化,从而形成一个新的实体,在演出中与观众一起实现艺术审美价值。其综合性还表现在它兼有时间艺术与空间艺术的特征——既有文学与音乐的时间性、听觉性,又有绘画与建筑的空间性、视觉性。舞美设计的宗旨就是要在这些场所,构成具有声、光、色、形等多维因素的视觉和听觉的创意空间。在这一节中,笔者着重对《凡事说理》的舞美设计现状进行分析。此外,笔者还将从拍摄、编辑、包装三个角度,对《凡事说理》预拍短片的制作技术进行分析。

一、预拍短片的制作技术亟待提高

电视一经出现便迅速占领了传媒行业的主阵地,从来都是一切重大社会变革的参与者,这与电视视听结合的传播特点密不可分。在传统媒体中,电视凭借声画同步的优势为观众带来了巨大的视觉冲击力和感染力,利用真实记录再现了信息的形态,拥有一大批忠实受众。随着新媒体网络时代的到来,人们对电视拍摄画面、制作效果提出了更高的要求。电视媒体要想在融媒体大潮中勇立潮头,就必须结合新技术来提高节目的拍摄质量,呈现更具冲击力和感染力的画面。

在江苏省广播电视总台进行调研时,纪录片中心副主任戴波介绍:"一

图4-4　2021年5月,本书调研组赴南京与江苏卫视《时代问答》主创人员座谈

个电视台的纪录片团队往往代表了该台在电视节目创作上的最高水准,被誉为电视行业的'特种部队'。"为了制作《时代问答》栏目,江苏广电抽调了十余名多年从事纪录片创作的业务骨干,组建了栏目组。以开场中专家介绍的短片为例,短短二十几秒的短片,由包装工作室的 4 人团队每次花费近 1 个小时才拍摄完成,真正做到了像包装明星一样包装理论大家。

(一)拍摄设备有待改良

现阶段,《凡事说理》短片拍摄时使用较多的是电视拍摄摄像机 SONY - EX280。这款机型采用了 CMOS 光电转化器,三片 1/2 的 CMOS 成像,3.5 英寸高清显示屏,72 毫米大口径镜头,机器体形较小,携带较为方便,支持间隔拍摄和逐帧拍摄。整体而言,用这款机型进行常规新闻报道,是绰绰有余的。但是,作为一档对节目质量要求较高的科学理论节目,这显然不够。

在电视专题片拍摄中,较为常用的前沿拍摄设备有小型摇臂、单反稳定器、4K 摄像机、无人机航拍等。传统的电视拍摄设备,大多数都是以地面形式的推、拉、摇、移四种形式为主,且平面和仰视类型的角度普遍较多,画面大多数情况下都呈现出单一化和平面性的特点。采用前沿设备可以从多个角度进行拍摄,不同的角度保证了镜头的美感,并带来强烈的视觉冲击,弥补了传统电视拍摄画面的不足。

(二)短片编辑缺乏新意

在对《凡事说理》进行编辑时,沿用常规的新闻剪辑手法,以全-中-近-特的成组镜头呈现。这种手法优点是工整、规范,成片看起来连贯、流畅,为现在大多新闻报道所采用。但缺点也较为明显,即节奏缓慢、叙事功能弱。电视节目的现场叙事感,是其区别于其他媒介最主要的特征,它的客观性存在于传播的整个过程之中。在对《凡事说理》进行编辑时应保护和增强这种客观性,多用现场的同期声和原始画面,保留电视的现场感。

(三)后期包装略显简单

电视节目离不开后期包装,后期包装能够体现节目与众不同的设计感,呈现出来的画面焕然一新，能使观众眼前一亮，有效吸引眼球。现在《凡事说理》的后期包装略显简单，以2021年12月12日的《凝心聚力建设新时代中国特色社会主义壮美广西》这期节目为例，后期包装元素包括节目标题、人名条、脚标、彩字。前三项是电视节目的标配，对于彩字，《凡事说理》还是花了心思的。例如，在说到广西第十二次党代会提出的最新内容，节目以彩字的形式标注出来，起到了强调作用。但这些包装元素仍然不够。由于《凡事说理》是科学理论节目，嘉宾阐述的一些观点，对于普通观众而言，在理解上仍有困难。这时就需要《凡事说理》通过后期包装，将文字内容转换为易于接受的视频元素，比如动画、分屏等方式。

二、棚内清谈的舞美设计尚需加强

电视舞美，并不完全等同于一般意义的舞美设计，它特指电视为增强表现力而进行的一种电视美术的创新方式。电视舞美设计不能脱离电视节目本身而孤立存在。[①]

《凡事说理》在舞美设计时，以"简洁""大方"为主要风格，着力创造贴近观众的视觉空间，以精致的舞美呈现来体现整体的电视艺术效果。演播室有一个Y型台，主持人和嘉宾分居两侧。嘉宾身后是一整块透明玻璃，能够看到新闻中心编辑区，这一舞台布局是主流的新闻直播间呈现样式。主持人身后是一块LED屏幕，内容会根据当地节目的主题灵活切换，人物与大屏的结合，构成了丰富的视觉版块，丰富了新闻信息的立体化展示，提高了节目的可视化效果。《凡事说理》的大多数节目都在棚内录制，每期均沿用相同舞美，未能做到依主题而另行设计。这样一来，舞美与节目之间缺乏联系，观众在收看时难以通过舞美很快融入节目的讲述中去。

在对江苏广播电视总台《时代问答》节目组进行调研时，主创人员介绍在制作《马克思是对的》这季特别节目时，专门在影视基地搭建了录制棚，制作了以19世纪欧洲古典图书馆为元素的舞美，舞台为一个半圆，观众区为一个

---

① 何玉春.浅析电视舞美设计与空间表达[J].当代电视,2011(5).

图 4-5 《凡事说理》演播室录制现场

半圆,整体设计呈圆形,宛如一个整体,将现场所有人均包裹进来。舞台上的书架、图书均为实物,而没有采取廉价的 LED 屏幕或者景片,突出了厚重的质感。五期节目,沿袭统一的舞美风格,取得了良好的播出效果。

图 4-6 《马克思是对的》录制现场全景图

《凡事说理》演播室超过 300 m²,近几年通过改造升级,已达到国内同类演播室的先进水平。演播室采用一体化灯光系统,可以实现场内灯光的统一控制。该演播室也服务于《广西新闻》直播,因此演播室系统整体配置定位为直播类舞美技术系统,对于特别节目需要执行直播的,《凡事说理》也能胜任。

如今,技术发展日新月异,各类新设备融入舞美设计中,使得舞台体系呈现出多元化、多样化的特征。可无论技术如何嬗变,舞美服务于新闻内容的核心定位始终不改。焦菊隐先生对舞美设计的创作提出了"四个统一"要求,那便是:似与不似的统一、神似与形似的统一、生活真实与艺术真实的统一、有限空间与无限空间的统一。时至今日,这个法则依然是各类电视栏目或电视节目美术设计应遵循统一的法则。

第五章
《凡事说理》节目的传播渠道单一

2017年10月18日,党的十九大报告指出:"坚持正确舆论导向,高度重视传播手段建设和创新,提高新闻舆论传播力、引导力、影响力、公信力。加强互联网内容建设,建立网络综合治理体系,营造清朗的网络空间。"[①]这为未来的新闻工作指明了方向。在全球化经济与文化发展的背景下,媒介融合已经成为新闻工作中必然的发展趋势,数字化技术的快速发展加快了传统媒体与新兴媒体的融合,目前我国已逐渐处于多元媒体融合状态。媒介融合为传统媒体的内容传播开拓出一片新的大陆,将报纸、电视台、电台等传统媒体,与互联网、手机、手持智能终端等新兴媒体密切地关联起来,达到资源共享,再通过不同的平台传播给受众,这种形式为满足客户的个性化需求,比传统媒体更具有用户价值。

随着社会发展人类进入信息化社会,媒介已经成为信息工具,融入人们生产和生活中,这种以媒介为中心的生产、生活方式被定义为广义的媒介化生存。以传统媒体如电视、报纸、广播为中心的生活方式被定义为狭义的媒介化生存。在当下快节奏的生活环境中,媒介化为人们提供了方便快捷的获取信息的渠道。正如塞伦·麦克莱所言,"传媒充斥在我们生活的每个角落,大众传媒已经成为当今世界的'文化中心'"。媒介越来越成为人们生活中不

---

① 习近平.决胜全面建成小康社会　夺取新时代中国特色社会主义伟大胜利(中国共产党第十九次全国代表大会报告)[R].2017.

可缺少的获取信息的工具,甚至已经成为人们非目的性的精神依赖。

对于电视理论节目来说,在传统意义上,内容和渠道都是先天优势,但是在新媒体环境中,这种优势变成了先天劣势:内容缺乏吸引力,传播途径也很狭窄。当前电视理论的主要任务是把劣势转化为优势,实现新媒体环境下的"弯道超车"。

"两微一端"(微博、微信与移动客户端)已经成为各种媒体形态的"标配",并且均打造出了比较完善的新媒体传播矩阵,充分借鉴、利用新媒体平台的传播力量打造传统媒体的影响力。但是"两微一端"需要辩证看待,微博、微信与移动客户端的区别在于,"两微"是借助已经发展成熟、形成生态的社交媒体平台,运营成本较低;而"一端"需要自主开发运营独立的APP,开发建设难度不大,但是宣传推广成本很高。

诚然传统媒体渠道面临生存困境,也存在很多唱衰传统媒体渠道的声音,报业、广播电台、电视接连出现"关停并转"也强化了这一论断,我们承认在技术驱动下,渠道形态必然会产生进化,但不可就此全盘否定传统媒体渠道的效能。传播渠道之于人类需求如同工具之于器官,其内在联系在于"人通过工具不断地创造自己,其效用和力量日益增长的器官是控制因素,一种工具的合适形式只能起源于那种器官"。融合过程中判断渠道效能的标准首先是"适用性",其次是经济收益、创新程度等,传统媒体仍将在博弈中发挥自身作用。同样,其转型也需要以服务社会与用户为第一导向,而非以渠道新旧或渠道是否单一为标准。

第一节 ┃ 电视渠道的依赖度过高

信息传播技术创新重构了人与社会的连接方式,以不可阻挡之势,对传统媒体的技术模式进行颠覆。[①] 这一重大变革驱使着电视人必须进行深刻的反思。我们要充分意识到,"掌握现代传播科技是智媒人才的必修基本

---

① 廖祥忠.从媒体融合到融合媒体:电视人的抉择与进路[J].现代传播,2020(1).

功"。① 在技术强权的驱动下,未来的智能媒体时代将依托 AI+5G+VR 的新技术体系。面对时代的变革,唯有顺应,方能发展。

传统电视媒体融入社交元素,是融媒体时代电视传播的大趋势。在互联网时代,信息传播呈现了多来源、多渠道、碎片化等特点。② 电视科学理论节目的内容的丰富性有余,但用户的黏性不足,观众缺乏与电视媒体直接联系的平台。对于社交平台来说,拥有大量的黏性用户,却缺乏足够的内容,无法为用户提供交互的场景与话题。电视和社交媒体有着强烈的互补需求:电视科学理论节目融合社交元素后,通过社交平台与受众实时互动,能够产生大量的新鲜内容,这些内容又可以作用于节目的再生产;社交元素的融入,可以让电视科学理论节目沉淀积累以前几乎无法掌握的用户大数据,大数据挖掘使得节目更加注重个性化生产,受众的收视黏性增强,电视新闻的媒介价值也得以提高。

《凡事说理》现有的传播模式,过分依赖传统的电视渠道,没有深耕新媒体端,依然是"一条腿"走路,和其他兄弟省台"两条腿"走路的节目相比,差距较为明显。

一、传统媒体渠道中过分依赖电视

习近平总书记在新闻舆论工作座谈会上指出:"一个主题要有多种传播方法,形成全方位、多层次、多声部的主流舆论矩阵,达到'大珠小珠落玉盘'的效果。"③跨屏传播可以适应受众的多种需求,通过创新方法提高舆论工作能力和水平。而这也是《凡事说理》今后需要努力的方向。

《凡事说理》节目由广西广播电视台新闻中心制作,在广西卫视和广西新闻频道播出。现阶段,《凡事说理》的主要播出渠道仍为电视大屏。除了电视端,还有广西广播电视台网站和广西视听客户端两个渠道可观看《凡事说理》的完整节目。

---

① 柳杰."智媒人才":5G 时代宣传文化人才新要求[J].中国记者,2019(9).
② 喻国明.电视节目需要展现平凡中的伟大[N].人民日报,2018 - 6 - 14.
③ 杜飞进.挺起新闻舆论工作的精神脊梁:深入学习贯彻习近平总书记在党的新闻舆论工作座谈会上的重要讲话精神[N].光明日报,2016 - 4 - 18.

传统电视节目传播形态下,收视是一种被动的、浅层次的活动,受众扮演的角色是被动接收者。在被动等待的过程中,电视节目的观赏性成为体现受众有限选择的重要指标。媒介融合时代的受众有了更多的收视平台,在与电视节目播出方的地位博弈中,受众由被动接收者逐渐演变为"主人",可以在网络媒体上选择回看或自主点播,参与电视节目的网络同步互动。

在我国,电视台存在样态的发展从来都是动态的、不断调适的:最初电视台更多地作为原始的播出平台存在;随着电视业发展,"制作+播出"成为电视台的存在样态,并经历了"节目为主导、栏目为主导、频道为主导"的过程;如今,在媒介融合时代,电视台又面临新的存在样态的调整,这就需要摸索新的组织方式。电视生产部门中既要有传统的电视人才,也要有新媒体人才;既需要电视人才了悟新媒体运作的理念与方式,也需要新媒体人才懂得电视表达的思维与手段,两类人才在内容生产中最终合二为一。大屏是电视媒体的阵地,这个不能丢。但是,如若一味固守阵地而失去了与时俱进的精神,则注定跟不上媒体进步的速度。从《凡事说理》的发展实例来看,电视栏目只注重传统渠道而忽略新兴渠道,是行不通的。

很多电视人感叹,互联网的兴起,让电视走向了衰败。其实不然。传统的电视概念几乎等同于实体电视机,是将图像与声音变为电信号传送出去,并在接收端使其重现的过程。在媒体融合的过程中,电视媒体就其自身而言,经历了一个"统一、分化、再统一"的发展过程。随着媒体融合程度的不断加深,电视的连接功能逐步从电视媒体的本体中分离出来,电视也成为传统媒体视觉空间和听觉空间营造的重要手段和渠道。在"电视+互联网"的模式中,电视的内容成为在不同屏幕间流动的信息流,再加上"三网融合"、智能电视等新技术的加持,电视与新媒体泾渭分明的界限正在逐渐土崩瓦解,电视与移动小屏端的关系日益紧密,电视难以单独存在,"电视+"成为当下电视最主要的形态。

二、网络传播渠道中欠缺社交媒体

对于"内容为王"还是"渠道为王",业内一直争论不休。但到了移动互联网时代,我们要说"用户为王"。在移动互联网时代,传统媒体最迫切需要面对的课题是:把最适当的内容提供给尽可能多的最需要这种"内容"的人。内容好,但目标受众并不一定需要;渠道畅,但并不一定是目标受众习惯使用的渠道。内容、渠道都必须是目标受众最需要和匹配的,所以说"用户为王"。对用户的需求要理解、要了解,可以说,用户决定着媒体融合发展的成败。而具体到视频刊播上,则要考虑用户的观看时间、场景、体验,来制定视频的呈现标准、规则。

以央视新闻的《将改革进行到底》为例,仅在微博上,央视新闻发布的 27 条短视频的播放量就达到 1.1 亿次。让用户在手机上看完每集 50 分钟的正片,并不符合移动端主流用户的消费习惯。所以,央视为每一期节目都制作了 4 分钟的速览视频。从 50 分钟的正片到 4 分钟速览,既是对内容的二次加工,使重要信息更加集中,从而提高传播效率,也符合用户在移动端碎片化的信息消费习惯。从数据来看,速览视频的总播放量是正片播放量的 26 倍。

(一) 社交媒体缺乏渠道

社交媒体(social media),又称为"社会化媒体",指一系列建立在 web 2.0 的技术和意识形态基础上,允许用户生产内容(UGC)的创造和交流的网络应用。利用社交媒体进行的传播,即为社交传播。[①] 清华大学教授彭兰认为社会化媒体有两个主要特征:一是内容生产与社交的结合,也就是说,社会关系与内容生产两者是融合在一起的;二是社会化媒体平台上的主角是用户,而不是网站的运营者。[②] 社交媒体可依据"六度空间理论"来解释。这个理论认为世界任何两个人都可以建立联系,且这种联系最多通过六个人就能实现。

社交媒体的这两大特点——用户生成内容和自主控制社交关系,是其与传统媒体最大的区别。社交媒体的发展不断释放着用户的个性表达和传播能量,同时鼓励用户通过社交媒体构建网络人际关系,活跃信息交往,使社交网站成为用户日常生活的一部分。随着移动互联网的发展,社交的理念越来越深入人心,移动手机的便携性使用户能够随时随地沉浸在社交网络环境

① 赵曙光.社交媒体的使用效果:社会资本的视角[J].国际新闻界,2014(7).
② 彭兰.社会化媒体:媒介融合的深层影响力量[J].江淮论坛,2015(1).

中,社交已经成为新媒体和传统媒体的共识,一键分享、转载、二维码使得信息交互无处不在。

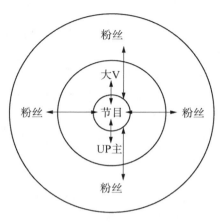

图 5-1　社交媒体二次
传播示意图

在调研时,《这就是中国》主创人员介绍,节目组正在通过积极参与"跨界",鼓励 B 站的 UP 主参与到节目创作中去,形成二次传播,增强用户黏性。一个大 V 的能量毕竟有限,可通过大 V 牵头,无数粉丝跟进转发,能量便能呈几何级数增长。这就形成了一个环形发散模式——以节目为圆心,先是一圈大 V 或者 UP 主,再是粉丝。每个层级都是双向互动,在社交互动中,把节目信息广而告之(见图 5-1)。

当前,社会化媒体已经在整个互联网中占据主流地位,在技术、经济、政治和社会等各领域均掀起一场新的变革。甚至有权威人士宣称,任何组织或个人倘若没有加入这些社会化媒体中,将会慢慢被边缘化。在技术领域,社会化媒体的动态交互技术使用户与网络的交互变得更加便捷,以往"被时代"的沉默的受众群体得以华丽转身,拥有自己的"麦克风"和自媒体的"我时代"的信息的"个性选择者""无缝复原者""能动生产者"和"议程设置的分权者",开创了用户创建和共享群体智慧的新方式。在经济领域,社会化媒体促成了互联网商业模式和营销模式的转变,团购、"湿"营销已成为企业相互比拼的战略高地。① 电视媒体在这一浪潮中,如何跟上队、坐上车,显得尤为重要。

《凡事说理》的社交传播目前缺乏渠道。在微信公众号兴起不久,《凡事说理》也创立了自己的公众号——"广西凡事说理",定期在公众号发布节目信息,预告重大主题,微信公众号成了栏目组和受众沟通的平台。2021 年 8 月以后,《凡事说理》公众号停止了更新,进入自主注销冻结期,功能无法使用。

---

① 刘文辉.从"被时代"到"我时代":新媒体语境下受众身份的重构与异化[J].上海交通大学学报(哲学社会科学版),2013(5).

（二）短视频业务发展滞后

场域之间，有着深厚的壁垒。在什么场域，讲什么话，是视频制作者应恪守的规律。在《这就是中国》《时代问答》调研时，主创人员均表示，在新媒体端播发的视频，都是依据制作计划特意进行录制、剪辑、刊播，以互联网的语言讲述节目的故事，用网民喜欢看的方式来传递节目的内核。可以想象，如果只是单纯地把节目拆条，用电视语言讲互联网故事，想要取得优异的传播效果，无异于缘木求鱼。

小屏的移动媒体带动了短视频的兴起，视频类平台的建设加快，抖音、快手、梨视频等商业短视频平台异军突起，手机小屏成为受众使用媒介的主要入口，跨屏传播为电视构筑了多中心的传播格局，实现了电视向移动小屏的横向延伸。现在小屏传播主要集中于三种渠道：一是"两微一端"，即微信（包含朋友圈、订阅号、公众号和视频号）、微博、客户端；二是短视频网站，例如抖音、快手、西瓜视频等；三是视频类网站，例如腾讯视频、爱奇艺、优酷、B站等。

现在，小屏端唯一能稳定刊播《凡事说理》的为"广西视听"，每期节目均能观看。"广西视听"作为广西广播电视台的移动客户端，包括新闻、广播电视节目直播、生活服务等精彩内容，将广西广播电视台的频率频道节目一网打尽。"广西视听"以人民为中心，根植广西，面向广西，视听内容实时掌握，触手可及。

在短视频网站搜索"凡事说理"，只有部分网友自制的短视频，没有官方发布的内容。在爱奇艺、腾讯视频等网站搜索"凡事说理"，可以看到一小部分节目，但内容并不完整。

短视频的新闻语言是一种动态语言，表意能力更强。随着媒介技术的不断发展，社会交往中语言的形式愈加丰富，呈现多模态特征。多模态是指在口头或书面交际中，交际符号的多样性。短视频新闻报道以多镜头组接，在保留同期声的基础上，配上合适的音乐和色彩强烈的大字幕，用多模态的动态语言，满足了受众的多重感官体验。短视频新闻报道作为动态的多模态视听语言，扩展了新闻的表意空间，提升了新闻的表意能力，为打造良好的传播

【深入学习贯彻自治区第十二次党代会精神】一个总目标：凝心聚力建设新时代中国 ∧
特色社会主义壮美广西 凡事说理20220123
暂无简介

广西网络广播电视台
提供广西广播电视台频率频道的同步直播、…

联系我们

▌分享

▌整集 共144集 全部 〉

【深入学习贯彻自治区
第十二次党代会精神】
一个总目标：凝心聚…

 禁止评论

图5-2 《凡事说理》在广西视听移动客户端的搜索页面

效果奠定了坚实基础。①

短视频的崛起,给以长视频见长的电视带来了不小的挑战。短视频的传播模式可以用下图解读:传者A作为短视频的传播者,向受众C传播短视频X,受者C对X的内容感兴趣又通过"转发"和"分享"给受者B进行传播,形成了一环扣一环的链式结构。这样一个过程可以是无限的,并且传授双方始终是双向的,存在着广泛的互动,表现在短视频传播过程中就是用户对短视频内容的评论和互动(见图5-3)。

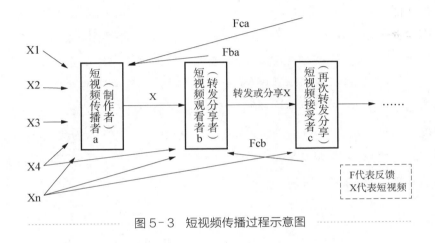

图5-3　短视频传播过程示意图

在短视频传播方面,《凡事说理》一片空白。栏目组没有主动在这一领域发力,打造传播阵地,形成自有品牌。

跨屏传播不仅是媒体的组合,更是细化到媒体屏幕的联结,首先,打破了时空对电视媒体的限制,电视媒体在时间和空间的维度得到延伸,电视内容不再局限于特定的时间在电视屏幕上进行播放,而是可以跟随受众适应场景的需求,满足受众移动化、个性化的信息需求。其次,电视媒体形态由单一的电视屏幕,转变为"大屏+小屏"的复合形式,媒体形态的变化带来了传播要素的延伸,传播主体由电视延伸向新媒体小屏端,传播渠道由电视网延伸向互联网,甚至蔓延到受众的社会关系网;传播内容由单向的内容传输延伸为新

---

① 李青青,水学智.短视频新闻生产转型:动因、问题与路径[J].现代传播,2020(11).

技术赋权下的多媒体形式与双向互动的传播形式,转变了电视的话语方式,以更适合普罗大众的内容形式传播给受众;电视受众的身份由观众向集观看者与参与者的多重身份转变,甚至成为传播的关键节点。将技术的应用于内容的采集和场景的制作,为受众带来了更好的视觉体验。因此,跨屏传播提升了电视的传播能力,无论是纵向的时间维度,还是横向的传播容量,都得到了提升,电视端+移动小屏端的传播方式提升了电视信息的到达率与受众的接收率,使电视传播能力得到延伸。

传播要素的延伸相应地带来了媒体影响力的扩大,电视作为传统主流媒体中视觉化媒体的代表,在受众间的公信力、影响力是其相较于新媒体的巨大优势。跨屏传播打破了新媒体消弭电视公信力与影响力的困局,在小屏端积极布局传播矩阵,电视媒体的公信力和影响力也随之迁移到小屏端,在跨屏传播矩阵的加持下,电视的影响力被分散到不同的小屏端的不同平台上,不仅满足了受众对权威信息能效的把握,更拓展了主流媒体的舆论阵地。随着影响力的延伸,电视媒体的社会责任范围也随之扩大,在引导舆论导向、宣扬多元价值取向等传播任务上责无旁贷。

第二节 ｜ 传受双方的互动性较差

在媒体融合背景下,受众虽然处于传播过程的终端,是传播信息的最终接受者,但是,他们的活动从来都不是强迫和被动进行的,而是积极主动进行的。[①] 受众在传播过程中的作用,有着强烈的自主意识、创新意识,他们可以对传播信息进行自主选择、理解和判断。在这种媒体融合中,传播者和受众界限的逐渐模糊,使传播信息和传播过程也变得多元和复杂。

面对这一趋势,电视媒体需要改变过往,加强传受双方的互动,不把受众当作大众传播灌输和征服的对象,而是积极的建设性合作者、主动的信息接收者。《凡事说理》目前在网络上的传受互动和社区的群体的传播,基本处于

---

① 陈昌凤.媒体融合的核心:传播关系转型[J].中国记者,2014(3).

停滞状态，因此传受双方的互动性上需要进一步加强。

图5-4　2018年7月，《凡事说理》录制优秀传统文化系列节目现场

一、缺少通过网络的传受互动

传播不同于宣传，宣传强调灌输，传播则注重互动，因此，科学理论大众化应实现从宣传到传播的观念转变。科学理论大众化传播具有目的性、互动性和社会性。它在一定的社会关系中进行，通过大众与科学理论在社会信息系统中的交流与互动，以让社会大众认知、接受和信仰科学理论为目的。在传播信息时，应将传播信息者和获取信息者紧密联系在一起，传播者应站在获取者的角度，分析其喜欢什么样的信息、想要了解什么样的信息，然后对其进行选择，并加以整理，然后通过具有影响力的信息发布平台将相关内容发布出去。

现在《凡事说理》缺少和受众通过网络的传受互动，缺乏互动渠道，很难了解受众的需求和期望，只能凭借过往的制作经验，按部就班地进行。随着融媒体时代的持续发展,《凡事说理》制作和互动分离的状况,需要得到改变。电视人需转型成为全能经理,用做产品的态度去做内容,用运营社区的态度去运营用户,用做流量的方法去做发行。

二、缺少植根社区的群体传播

叙述之前,我们先来厘清群体传播的概念。组织和群体在概念上是有差异的。组织是指结构相对严密的群体,有分工和内部规范,存在时间相对较长,有成员的确认程序和管理层,有特定的目标,组织成员有共同的志趣、观点或信仰。而群体,通常是指分散的人的暂时集合,联系松散,自发形成,例如街头围观的人群、某一传媒的受众、某场球赛的观众等,他们的传播行为具有不确定性,某些群体成员之间可能会有较长期的关系,甚至有一定的习惯性的聚会场所和时间。群体传播是一种非制度化、非组织的个体传播,它以群体成员之间的自发交流为传播形式。群体成员在分享信息的背后,有着诸多的心理动机,如缓解心理压力、释放情感、休闲娱乐,或维护人际关系等。①

地推活动是指《凡事说理》节目组走进社区或者商场,搭建舞台,举行活动,实地推介节目内容,吸引观众收看节目,同时以此提升节目的知名度和美誉度,增强观众对节目好感。地推活动是一种典型的群体传播。进入融媒体时代,不少业内人士提出群体传播已经过时,传播效果差,到达人数少,受众认知差。其实不然,作为深耕广西多年的品牌电视节目,《凡事说理》有一定的观众基础。地推活动唤醒了观众对节目的认知,在电视换台时候,会不自觉换到《凡事说理》,或者在换台过程中看到《凡事说理》会停顿下来。《凡事说理》在新媒体领域已经落后,并且短时间内追赶不上,那么固守原有的传播渠道便是着力的方向。守正创新,先是要固守好阵地,才能有所突破。

大众传播是一对多、辐射式的单向传播,其受众是由无差别的个体组成的面目模糊的群体。大众传播文本面向的是"大众化"的个体,即全体受众的平均。因此,同一信息在不同大众媒体中的文本基本一致。群体传播则是多

---

① 陈力丹.群体传播的心理机制[J].东南传播,2016(1).

对多、交互、分享式的传播。它的参与者是千姿百态的群体成员，各种群体层出不穷，群体成员的沟通、互动日益紧密。①

《凡事说理》进行群体传播最重要的意义是推进价值认同。价值认同指对事物或现象的价值合理性的情感认同、理性认同和实践认同的有机统一，参与人作为实践主体对于实践客体的合目的性与合规律性的价值考量与实践指向。运用到实际中来，便是社会临场感和互动感知。

社会临场感理论来源于社会助长效应的研究。社会助长关注人际影响和社会动机对人行为的促进，描述他人在场导致个体作业水平提高的现象，分为观众效应和共作效应。任务情境变量会影响社会助长效应，如果任务是熟悉或容易的，那么他人在场会对业绩有助长作用，行为效率会呈现正面的社会促进；对于复杂任务或不熟练任务，他人在场会对效率有阻抑作用。

社会临场感指个人在沟通中对"他人存在的感知"，这种感知直接影响了人们被媒介技术中介的交流互动过程及结果，认为越强的社会临场感越能促进互动交流，增强临场感将会帮助个人在沟通过程中有更多的获得。社会临场感、社会助长效应很好地解释了为什么在媒介融合时代能够接二连三地出现"网民狂欢"现象。不论表露者身份是否会被他人获知，由于明知"围观者"的存在，表露者将更有动力更加生动、真实地进行自我表露，也在表露和关注的过程中持续对引起"狂欢"的话题保持长期黏性。如在《凡事说理》的地推活动，之前观看过《凡事说理》的观众会在现场发表看法，因为这一情境变量是"熟悉的或容易的"。而这会带动更多作为表露者和围观者的受众持续对电视节目保持较高关注度，进而产生较好的群体传播效果。

对互动对象社会临场感的感知也会影响到使用者与特定媒介之间的亲密度、卷入度、直接度等评价标准。社会临场感越强，受众黏性越强，即社会临场感与受众黏性呈正相关。

媒介等同的观点为三网融合背景下电视媒体的未来发展带来了一丝亮色，新媒体的涌现、媒介形态的模糊并不意味着对传统电视媒体的彻底否定，只是表现出新媒体与传统媒体间传播模式及受众沟通的差异，电视媒体只要

---

① 隋岩，曹飞.论群体传播中的第三人效果[J].新闻大学，2012(5).

注重与受众的情感互动及体验,同样有立足之地。卷入是对产品属性感知差异、特定品牌偏好产生影响。电视节目卷入由受众顺次发生的对节目的注意、对节目信息的处理和由处理产生的作用三个阶段构成。这种群体相似性的感知与认同会引发互动的可能,而频繁、深入的互动则会进一步强化卷入。如果电视节目能够表达受众的情感、价值和身份,那么就会倾向于与其建立长期稳定的关系。

地推活动是一次很好的卷入。受众能面对面地看到主持人,现场和编导进行沟通,聆听专家的教授,这种体验与看电视相比,是很难得的。如果坚持把地推活动做下去,日积月累,必定会产生质的变化。

遗憾的是,《凡事说理》节目创办至今,没有举行过地推活动,导致群体传播未能取得良好效果。

新时代电视科学理论节目的提升策略

　　传统的大众传播环境下,大众传媒处于传播者中心地位,并且扮演信息把关的角色,起到舆论引导的功能。随着新媒体的发展,传播环境变得复杂,原有的传播模式逐渐被打破,受众可以随时随地直接而便捷地获取海量信息,并且可以自由地传播信息、表达观点。受者转变为传者,参与到传播过程当中,大众传播过程中的"传者本位"转向以受众为中心,受众在传播过程中被重新定位,开始处于主体和主导地位,传统媒体着眼于打造以满足受众需求为导向的人性化媒介,实现了从"传者本位"到"受者本位"的转变。

　　网络开放共享和即时互动的特性降低了传播信息的门槛,信息接收者角色转变为信息传播者,新媒体不断涌现,人人都拿起了"麦克风"开始表达自己的观点,各抒己见。这冲击着传统媒体引导舆论的中心地位。

电视理论节目作为宣传党和国家的方针政策、探讨社会热议的话题的媒介，应当积极履行凝聚共识、解决疑惑、引导舆论的义务。这类节目作为观众和国家政策之间的桥梁、党和国家政策从理论到现实的催化剂，如果可以实现良好的宣传效果，那么将有利于公众正确认识方针政策，从而促进和谐社会的发展。但是，由于电视理论节目的传播模式单一，常规节目制作内容缺乏创新，这类节目处于只在传统媒体上受到关注、在新媒体上未产生影响，官方认同、公众忽视的尴尬境地。所以，电视理论节目需要采取积极的措施来解决这些问题，通过对这类节目的内容生产、把握受众、媒体融合方面进行创新，建立一套新型的传播模式。

在这一篇，笔者将根据前两篇的成果，针对《凡事说理》暴露出来的在理论传播、电视传播和传播渠道三个方面的不足，提出对应的策略，希冀能为《凡事说理》提质升级贡献力量。

第六章探索了对节目内容的优化，主要从讲好故事和选好专家两个角度着手，传播科学理论，彰显理论魅力。第七章探索的是对节目形式的改进，一方面依托现有的《凡事说理》制作力量，做精做优节目，让理论照入青春和基层；另一方面是运用最新的制作技术，增强节目效果。第八章讲的是对传播渠道的拓展，首先是坚持融媒思想，依托各种媒体力量，全时全域说理；其次是深入社区，做好群体传播和社交传播，增强客户黏性。

第六章
《凡事说理》节目内容的优化策略

从学术角度来看,学者对于科学理论大众化的研究,观点主要有:"提升大众的价值判断能力,正确认识媒介的性质和功能,尤其是认清媒介不是纯粹的传播技术和信息工具,更是作为现代化的产物,它的背后隐含着一定的意识形态和价值观"①;"运用马克思主义立场、观点和方法,观察、分析媒介现象,是开展媒介批评的理论基础,媒介及其新闻活动是社会生活的产物,同时又是社会生活的一部分"②;陈力丹教授指出:"报刊和新闻媒介是党和人民的耳目喉舌,是联系党和人民的桥梁和纽带,传播马克思主义、推动马克思主义大众化的过程中,一定要注意新闻媒介的作用,媒介的内在规律是任何个人、政治组织和强大的权力不能改变的,但由于种种原因总是有人不断把自己的意志强加给媒介,所以,世界上各种媒介不断出现谬误、信息陷阱和荒唐的思想。"③

从实务角度来看,学者们的观点也不相同:"当代中国马克思主义大众化的推动需要一定的介体来实现,介体是指能够承载和传递当代马克思主义的内容信息,促使当代中国马克思主义和个体之间相互作用,相互转化的活动形式或物质实体,而推进当代中国马克思主义大众化的首要方式和手段就是广泛、深入地进行中国特色社会主义理论体系的宣传普及活动。按照贴近生活、贴近实际、贴近群众的要求,借助电视、网络、广播、报纸等各种现代化的

---

① 谢春红,曾令辉.网络文化传播与当代中国马克思主义大众化的实现[J].云南行政学院学报,2010(1).
② 陈力丹.精神交往论——马克思恩格斯的传播观[M].北京:中国人民大学出版社,2008.
③ 陈力丹.马克思主义新闻观思想体系[M].北京:中国人民大学出版社,2006.

传播载体,运用宣讲、座谈、典型教育、编写通俗读物、文艺表演等人民大众喜闻乐见的形式,使马克思主义中国化的最新成果进课堂、进工厂、进村庄、进军营、进社区,在人民大众中入耳入脑入心,并内化为他们的自觉行动"。①

第一节 │ 讲好百姓故事,传播科学理论

长期以来的实践证明,生活化是大众化的实质,科学理论大众化传播更重要的是要观照现实生活,让科学理论的"意义世界"走进广大群众的"生活世界",使广大群众切身体会到科学理论的实际作用和巨大力量,真正激发起群众对科学理论的兴趣,让广大受众在日常的工作、学习、生活等各个领域里感受到科学理论给他们带来的切身利益,这样广大民众才愿意去理解、接受、运用、信仰科学理论。

围绕广大民众,贴近百姓日常生活,引导百姓在日常生活层面的价值和行为,才能有效地推进科学理论大众化传播。科学理论大众化传播,不仅仅是做到在语言或传播形式上的通俗化,语言上的通俗易懂和形式上的丰富多样只能触发大众对科学理论的兴趣,而不能改变大众的认知。固化的认知模式和情感距离,会自动将这些触发信息排斥在外或处理为无关紧要的信息,无法在行为层面上产生影响,真正实现马克思主义大众化的目的。

"把口头上的马克思主义变成为实际生活里的马克思主义,就不会有宗派主义了。"②所以,当前迫切地需要让科学理论进入大众的日常生活,融入生活、反映生活、引领生活。

一、"说理"还须关照社会现实

经济社会发展面临的问题大多与国计民生和百姓生活密切相关。关注

---

① 王增智,周楠.对当代中国马克思主义大众化相关问题的辨析[J].湖南师范大学社会科学学报,2010(4).

② 毛泽东选集(第3卷)[M].北京:人民出版社,1991.

民生、关注普通人的生存状态是一种人文关怀，也是以人为本的媒体责任。电视理论节目讲"大道理"，体现"大关怀"，呈现的方式可以从细微处入手，节目内容可以更为具体细腻，更接地气。通过观察日常生经济社会发展面临的问题，可以发现大多与国计民生和百姓生活密切相关。关注民生，关注普通人的生存状态是一种人文关怀，也是以人为本的媒体责任。

（一）增强民生选题报道力度，提升节目现实指导意义

作为一档聚焦党和国家重大理论、广西社会进步发展的电视理论节目，《凡事说理》本身就存在题材有限和单一的缺陷。相对于综艺类或其他新闻类节目，电视理论节目内容的来源仅仅局限在领导人讲话内容、高层政治会议发布的主题及文件等方面。这使得节目的内容和题材具有笼统抽象、不贴近公众的生活等特征，对节目的传播效果和受众范围产生影响。

增强《凡事说理》的传播效果，首要任务是拓宽节目内容和题材的选择范围。不要仅仅进行政策宣传和解读，更重要的是根据公众的需求寻找与之相匹配的党和国家政策，再对节目的题材和内容进行筛选与制作。这要求以后在制作《凡事说理》时，更多地把理论和现实结合起来，实现双向的互动，在传播理论时，也着重考虑现实的需求。束之高阁的理论不是老百姓需要的理论。老百姓需要的是有温度、有深度、与自己生活休戚相关的理论。

《凡事说理》今后在设置议题时，应注重将专家意见与大众立场相结合，直接触碰社会关切与敏感的问题，尤其注意结合当下的社会热点，针对老百姓有争议的问题，想人民群众之所想，急人民群众之所急，问人民群众之所问，并对广大干部群众关心的热点难点、困惑困扰予以正面回应。以群众视角、群众感情、群众态度解疑释惑，并在这个过程中，宣传马克思主义及其中国化最新成果，着力做到深奥理论、大众表达，抽象道理、具象表达。长此以往，《凡事说理》将很好地起到抑制浮躁、引发思考的作用，有助于培养健康良好的社会心态。

我们来看一个同类节目大胆改革的例子。《求是论坛》作为温州最早、也是唯一的一档电视理论栏目，创办于1997年9月党的十五大召开之际，该栏

目由温州市委宣传部和温州广播电视传媒集团联合主办。[①] 近年来,在全国大部分电视理论栏目停办的情况下,《求是论坛》进行了大刀阔斧的改革,坚持节目定位不改变、节目形式接地气、理论传播立体化,坚持弘扬核心价值、创新理论传播。与其他电视理论类栏目相比,它的成功经验是:把党和国家重要理论与当时温州的改革开放结合起来,把重大思想问题和温州人的实际生活紧密联系起来,栏目中涉及的话题都是当地党委、政府抓的重点,都是百姓关心的、亟须解决的热点和难点问题,该栏目将这些问题以电视节目的方式进行理论阐释、分析和总结,进而加以舆论引导。

今后,《凡事说理》应一手抓党的重大方针政策,一手抓社会实际情况,将理论与实践相结合,增强节目的现实指导意义。

图 6-1　2020 年 2 月,《凡事说理》录制抗"疫"特别节目现场

(二)多讲政策背后的故事,避免讲述"大而全"

社会热点事件本身具有新闻价值,而事件背后深层次的价值观问题、文化问题、伦理问题、公德问题等更值得深入地思考、提炼和阐释,并围绕经济社会中出现的问题,如对矛盾冲突、模糊认识、错误思潮等进行解读。电视理论节目就是要为受众解疑释惑,提供引导性的分析。通过专家解读,特别是

---

① 翁小芹.创新理论传播　弘扬核心价值:温州电视台《求是论坛》改版纪实[J].宣传半月刊,2016(18).

通过中外权威专家的解读,从不同角度、不同方面,对事件的全貌进行逻辑展现,深入地分析论述、专业研判,加深人们对问题的理解,增强理论的说服力。

当下,《凡事说理》栏目,对于政策的宣讲着墨较多,对于政策背后的故事解读较少。观众看完后只知其然,不知其所以然,更不知其所以必然。"大而全"的讲述,不能给观众留下深刻印象,"小而精"才是当下的主流。

(三)以情动人,小人物也能成为主角

作为一个告知信息、发表意见、引导舆论的过程,新闻"本质上是讲故事的过程,文学讲述的是'创造的故事',历史讲述的是'发现的故事',新闻讲述的是'真实发生的故事'"。[①] 电视理论节目不是冷冰冰的,没有人文关怀的节目。我们主张用有人性、有温度的故事来表达主题与内容,描述事件与环境,刻画人物与活动细节……把传播的逻辑起点从"事本位"转型为"人本位",把抽象的宣传主题融入人性化的故事之中。电视理论节目如果只是理论的简单堆砌和一般材料的罗列,不可能产生深刻动人的力量,理论宣传的效果也就被弱化了。电视理论节目工作者应通过讲述真实的事例使高屋建瓴的理论接地气、冒热气、有生气,在受众心中点燃火种,使中国理论扎根群众。

对于《凡事说理》今后的创新之路,笔者认为应用人性化的故事讲述深刻的道理,讲故事的主体不再只是那些位高权重的领导,也不局限于是满腹经纶的专家,而是由故事的亲历者来现身说法。他们也许是"小人物",但却可以用最质朴、平实的话语从侧面来印证背后更为宏大的理论内涵。当说话的主体变成我们的身边人,说的是我们最熟悉的故事,以情动人,以情说理,以不显山不露水的方式展现宏大的主题与叙事,最容易引起受众共鸣与共情。

二、"说理"也要迎合受众心理

电视理论节目的题眼在于理论传播。不论是专家权威访谈,还是电视公开课、理论脱口秀,节目形态可灵活多样,但宗旨定位是一致的,就是要传播

[①] 方毅华.新闻叙事与文学叙事的多重审视[J].现代传播,2010(5).

科学理论,要确保电视科学理论节目在学原文、悟原理的基础上准确把握思想精髓、精神实质、核心要义,做到理论宣传有出处、不走偏、把得准、立得住,把"文本还原"和"理论解读"做实做透,把习近平总书记的相关讲话巧妙地用准、用活、用好。

习近平新时代中国特色社会主义思想博大精深、科学系统,是一个开放的、与时俱进的理论体系。在学习宣传过程中,电视科学理论节目既要科学梳理又要及时跟进最新的思想论述,切实把握好时度效。每期节目应主题集中,是要讲习近平经济思想,还是要讲习近平外交思想,是想谈习近平生态文明思想,还是想谈习近平强军思想,最好是集中在一个方面,讲深、讲透、讲彻底。从实践来看,不少电视科学理论节目选择从习近平总书记的金句切入,取得了很好的传播效果。如"绿水青山就是金山银山""小康不小康,关键看老乡""打铁还需自身硬""我们都在努力奔跑,我们都是追梦人""人民对美好生活的向往,就是我们的奋斗目标"等,这些蕴含着真理力量、智慧力量、人格力量的金句易于传播、令人难忘,是将电视科学理论节目进行通俗化传播的一种新颖巧妙的依托。

理论只有彻底,才能说服人。这里的"彻底",不是从文本到文本、从概念到概念,而是既要贯穿理论力量,展现逻辑之美,闪耀思想之光,也要创新传播方式,让人们能接受、愿意接受。电视理论节目要探究理论传播的特性和规律,摈弃"口号式宣讲""填鸭式灌输"的刻板说教,摘掉"枯燥艰深""理论灌输"的标签。想要在说理时取得好效果,《凡事说理》需在理论宣传通俗化、大众化上做文章,在受众与理论之间架设传播桥梁,打通理论宣传的"最后一公里"。

(一) 讲述和互动结合,让观众成为最好的出题人

习近平总书记指出:"要加强传播手段和话语方式创新,让党的创新理论'飞入寻常百姓家'。"[①]电视理论节目既要立得住,更要叫得响、传得开,达到良好的传播效果。如何吸引受众愿看、爱看、想看,这就涉及大众向度的问

---

① 欧世金.牢牢把握正确舆论导向[N].学习时报,2018 - 9 - 10.

题。电视理论节目必须坚持内容为王、创意为要，加强节目内容、形式、语态等供给侧结构性改革，综合运用个性化制作、可视化呈现、互动化传播等方式活化节目外壳，在融合嵌入中提升传播热度，让有意义的内容变得更有意思。

具体到《凡事说理》节目，那便是要加强嘉宾讲述时和观众的互动。这种互动包括两个维度：一是和现场观众的互动；二是和电视机前的观众的互动。

《凡事说理》常规节目是不设观众的，这点今后需进行改进，每期节目都应有观众入场。现场观众有两个作用，一是增加现场感和真实感。原先的节目只有几个嘉宾和主持人在讲述，一成不变的节奏很容易让人陷入困倦中，现在有了观众的加入，现场感和真实感得到加强；二是让观众有机会和嘉宾交流，真正做到体民情、解民忧。"江山就是人民，人民就是江山"，老百姓的需求，便是节目切实努力的方向；老百姓的声音，变为需要回答好的时代答卷。在节目中，老百姓能够把自己的困惑说出来，和嘉宾面对面地交流，得到嘉宾的答疑解惑，这对于推动党和国家的方针大政在群众间铺展开来，有着积极作用。

"讲述+互动讨论"的形式，构建起"思想广场"的氛围。在这个"思想广场"上，节目鼓励辩论，也欢迎不同层面、不同维度，甚至不同立场的声音出现。中国社科院政治学所所长房宁曾说："中国肯定是多样的、复杂的，如果你把中国讲成一个样子，大家认为你是在说假话。"①因此《凡事说理》需要避免单向灌输，鼓励观点碰撞、思辨交流，通过"道理越辩越明"的方式，有效地将节目主题和内容的情感表达进行扩大，让观众真切感受到道路自信、理论自信、制度自信、文化自信。

与电视前观众的互动，可通过"议程设置"和"效果反馈"两个方面进行。正如李普曼所说，新闻媒介影响着我们头脑中对于外部环境的图像，这些图像事实上可能与客观现实世界完全不同。尽管新闻媒介无法决定受众"怎么想"，但是却能通过议程设置，来告诉受众"想什么"。诚然，在当今社会和技术发展的背景下，受众对于电视媒介所生产内容的自由选择权越来越大，但总体而言，电视媒介所提供的仍然是一个相对固定的框架，受众在此框架之

---

① 房宁.实事求是讲好中国故事［EB/OL］.环球网，2019-12-20.

下选择自己想要了解的或是对自己有用的内容。这一框架便是电视媒体为受众设置的议程。电视理论节目的核心功能之一便是传递主流价值观,而这一功能的实现便需要通过巧妙的议程设置在润物无声的境界中告诉受众"想什么"。

《凡事说理》在进行"议程设置"时,可借鉴《这就是中国》,设置"策划编前会"环节,邀请国内主流媒体资深记者、专家学者和观众代表共同组成策划组,在节目开始之前就本期话题展开讨论,找到话题的核心点和本期节目需要解决的核心问题,让观众真正参与到节目的制作中来。这一形式能够使节目有更扎实的群众基础,做出来的节目也更有烟火气。

图 6-2 2021 年 5 月,《这就是中国》主创人员向本书调研组介绍节目制作经验

收视率是反映节目收视效果的一个方面。我们不能不看收视率,也不能仅看收视率。进入融媒体时代,收视效果的反馈有了更多的途径,也被赋予了更多的意义。正如施拉姆基于"使用与满足"理论提出了"自助餐"理论,即"受众参与传播,犹如在自助餐厅就餐,每个人根据个人的口味和当天的食欲来挑选菜品。媒介只能像自助餐厅提供丰富的菜品一样提供给大众尽可能

多的信息和服务,而无法强求受众接收所传播的信息,就像不能把大量饭菜硬塞进人的嘴里"。① 而这些理论的提出,也预示着大众传播从"传者中心"向"受众中心"的转变。所谓受众中心论,是指"在传播系统的诸要素(包括传者、传播内容、受众、反馈、效果、环境)中,媒介的一切传播活动均以受众为中心,受众是传播系统的主体,传播系统的其他要素均围绕受众展开"。其实质就是"传播活动要以满足受众需要为出发点和落脚点,传播受众喜闻乐见的内容和信息,反映他们的呼声、愿望和要求"。

《凡事说理》可定期将电子调查问卷发放给观众,让其填写,然后统计数据结果,分析背后的原因。也可分析节目在新媒体端的播放数据,找出观众爱看的节目内容和感兴趣的话题。有了"效果反馈"的介入,《凡事说理》的节目呈现将是有的放矢,内容更有针对性,形式也更喜闻乐见。

(二)用讲故事的方法讲理论,寓教于"事"

文化文艺工作者要"记录新时代、书写新时代、讴歌新时代",更要"为时代画像、为时代立传、为时代明德"。② 三个"新时代"和三个"为时代",也给《凡事说理》节目的创作指明了方向。在制作电视理论节目时,应努力将晦涩难懂的理论语言,转变为通俗易懂的话语,提升理论节目的感染力,用讲故事的方法提升节目的吸引力,以希冀实现良好的宣传效果。

1. 用事实说话

"用事实说话"中的"事实"是新闻叙事所倾向的故事层面,实则是通过叙述新闻事实以及新闻背景体现观点、发表意见,表达一种叙事的倾向。但仅"用事实说话"无法实现电视理论节目的意义构建,难以实现引领舆论导向的目的,因此,电视理论节目还应通过"说话"来促进这一目的的达成。

在《凡事说理》节目中,嘉宾可多说自己的见闻,把观点隐藏在故事中,让观众在听故事中,了解嘉宾的观点。讲故事这种手法,看似软,实则硬,它能让观众主动去接受,而不是被动的接纳。

在《这就是中国》调研时,东方卫视产业拓展中心副总监、前任《这就是中

---

① 施拉姆,威廉·波特.传播学概论[M].何道宽,译.北京:中国人民大学出版社,2010.
② 光明日报评论员.记录新时代　书写新时代　讴歌新时代[N].光明日报,2019-3-15.

国》制片人朱濛濛也分享了节目获得成功的秘诀。他指出,张维为的精妙之处,在于他从不说教,而是用大量的事实、事例、数据以及自己的经历、经验分享,引发观众主动思考;观众基于客观判断、分析、比较,从而自发地与理论相结合,彼此印证,从内心深处树立一种自信。这也是《这就是中国》节目想要带给观众的一种能量。

谈到节目受欢迎的深层次原因,朱濛濛认为有三点尤为关键:一是接地气,节目用事实引出观点,用故事阐述理论,既不枯燥又有意思;二是有人气,"蹭热点"是节目一贯的制作理念。但"蹭热点"绝不是"凑热闹",而是为了从"热"中提取能量。从节目本身的价值观来看,无论是事件还是观念,越是热议的,越要冷静思考;三是能解气,面对西方对中国的"话语打击",《这就是中国》打造了属于我们的一块阵地,让张维为能够用"中国话语"畅快淋漓地回击。

张维为娓娓道来的说话风格,通过一种"软"的表达,摆硬事实、讲硬逻辑,让观众在心理层面产生更高的接受度,同时在节奏上也能有时间做一些理性、客观的对比与思考,从而让观众加深对中国道路的理解,树立对中国未来发展的信心。

2. 场面中流露

在话语层面所体现的新闻叙事的倾向性,主要表现为从场面中自然而然地流露,这也恰好证明电视理论节目在表达情感倾向时是通过场景所建构的。电视中呈现的场景,都是记者精心设计的;采访中,受访对象的话语,是带着记者意图的;甚至演播室嘉宾服装的颜色,也需是和节目主题契合的。每一帧电视画面,背后都凝结了记者的巧思。

例如,《思想的田野》(第一季五期节目)在创作伊始便打破演播室固有的制作模式,将节目做在路上、做在景中。北京篇中的永定门、"回天社区"、雁栖湖,上海篇中的黄浦江、自贸区服务中心、张江园区,浙江篇中的安吉余村、丽水后畲村、南麂岛,江苏篇中的浦镇汽车公司、徐州潘安湖,湖南篇中的十八洞村,等等。主持人与嘉宾行走在中国大地上,走企业访社区,钻胡同踏田埂,与群众互动交流,从中发现故事、讲述故事。

3. 短片拍摄增强故事性

现在《凡事说理》的短片拍摄过于新闻化,人物不突出,故事性不强,难以起到以点带面,以小见大的作用。今后,《凡事说理》的短片拍摄应与现场访谈区分开来,一个硬,直接说理论;一个软,说理论背后的故事。这样一硬一软的配合,使节目节奏富有起伏,更能吸引受众。

在短片拍摄中讲好故事,也是有门道的。新闻叙事应将受众放在重要的位置,以满足受众的各种信息需求为己任。叙事主题不再凸现个人化的、侧重个人内心活动,而是投射、指向社会化的主题。文学的本质是艺术,新闻的本质是信息。艺术是人们对客观事物产生的美感,它带有作者强烈的主观色彩。新闻是对客观事物的反映,要求真实、客观、理性,避免采编人员个人情绪的过度介入,应更注重受众的需求和感受。因此,在报道时我们所强调的故事,是基于事实的故事,只不过手法更为委婉。《凡事说理》若不能以发掘新闻的价值作为诉求,便难以激发受众的共鸣。在当下流行的非线性叙述思维的环境下,讲科学理论故事需紧扣故事性,即对情节进行精心设计,通过设计生动的报道情节,充分调动受众的感性和逻辑思维,使受众产生更强的代入感和认同感,将政策信息解读成民间话语。

美国著名记者,曾经获得普利策新闻奖的富兰克林对于新闻故事化这样说道:“采用对话、描写、设置场景等,细致入微地展现事件中的情节和细节,突显事件中隐含的能够让人产生兴奋感、富有戏剧性的故事。”故事化的叙述方式用一种全新的视角和手法诠释电视科学理论节目,立足受众,将理论故事化、情节化、细节化、人物化,使原本冷冰冰的科学理论生动活泼了起来,更加贴近老百姓的生活。

(三)专题化呈现,把理讲深讲透

首先,在节目主题上,专题节目的内容更具有针对性,以弘扬十九大精神或者解读某项政策,比如乡村振兴战略,在受众明确自己想要观看的内容后便于做出选择;其次,在节目嘉宾选择上,常规栏目一般局限于某几个身份的嘉宾,专题节目由于形式新颖,在嘉宾选择上范围更广,比如《马克思是对的》中有各大高校的学生“课代表”,《厉害了,我们的新时代》邀请基层青年骨干、科学家等;最后,更重要的在于节目风格上,常规节目停留在严肃认真的讨论氛围之中,而专题节目偏向综艺方向,理论政策用叙事手法呈现,使理论鲜活地进入大众视野,加上花字特效、音乐效果,以独有的魅力吸引受众。

近年来,全国各个电视理论节目均推出了多期专题或特别系列节目,比如以"中国特色社会主义进入新时代"为主题,贯彻学习习近平新时代中国特色社会主义思想、弘扬党的十九大精神的通俗理论节目《厉害了,我们的新时代》《社会主义"有点潮"》《中国共产党为什么能(第一季):十九大精神面对面》;为纪念马克思诞辰的通俗理论节目《马克思靠谱》《马克思是对的》;庆祝改革开放 40 周年的大型通俗理论电视节目《改革开放关键一招》《中国共产党为什么能第三季:激荡——改革开放 40 年的浙江实践》;聚焦中央农村工作会议和乡村振兴战略的通俗理论节目《乡村振兴战略大家谈》等等。从节目播出的反响看,相较于常规节目,专题节目更能吸引受众观看,同时能引发线上线下的广泛热评和点赞好评。

第二节 │ 选好说理专家,彰显理论魅力

关于意见领袖,学界有很多定义。学者丁汉青认为意见领袖与受其影响者处于同一团体并有共同的爱好兴趣,他们被公认为是见多识广的或称职能干的人,在社交方面较为活跃,且更多地使用媒介。[①] 无疑,说理专家是《凡事说理》节目的意见领袖,在节目中占据权威地位。

意见领袖的传播行为和价值判断受自身文化教育和媒介参与等内在因素的影响,文化教育和媒介参与决定了意见领袖传播社会责任的认知和实践,文化教育量化指标可对其传播内容的质量进行测量;媒介表达能力是意见领袖具有广泛影响力的基础,三者构成了意见领袖社会责任传播效能实现的先决条件。《凡事说理》在节目制作时,应当选好说理专家,借此彰显理论魅力。

---

① 丁汉青,王亚萍.SNS 网络空间中"意见领袖"特征之分析——以豆瓣网为例[J].新闻与传播研究,2010(3).

一、打造节目录制的权威专家库

长期以来,理论专家搞科研、写文章、做报告,在涉及理论宣传的工作中,侧重于理论阐述、政策解读,习惯使用理论话语体系,受众也以党员干部为主。电视科学理论栏目的出现,则让理论专家的专家视角与大众媒体的媒体视角、百姓视角有了一次精彩的碰撞与互动,促进了理论专家面向大众时的话语体系转换,极大地扩展了受众面,有助于理论工作者贴近大众、服务百姓。

"马工程"首席专家是马克思主义理论研究中的泰斗和翘楚,无论是在业界还是学界,均有着较强的权威性。也可邀请国内其他知名高校和科研院所的专家参与到节目的录制中来。邀请这些专家参与节目录制,一方面能提升节目制作水准,另一方面也能提升节目的知名度。

在这方面,《凡事说理》是有过成功经验的,今后需要重视起来。2015 年 8

图 6-3 2020 年 1 月,《凡事说理》邀请中共中央党校(国家行政学院)
高宏存教授(右)参与节目录制现场

月,《凡事说理》围绕着"一带一路话广西"这一重大现实问题和在当前意识形态领域中热议的两股思潮——"新自由主义"和"历史虚无主义",邀请国家发改委、清华大学、中国社科院的顶尖专家在北京录制了多期访谈节目。这是《凡事说理》节目作为理论大众化品牌走向全国迈出的坚实一步,对于扩大广西的理论宣传覆盖面具有重大意义。

2016年11月,为迎接自治区第十一次党代会的胜利召开,《凡事说理》节目再次在北京设置演播室,邀请国家发改委、国家行政学院、国务院扶贫办和对外经济贸易大学等国内权威专家进行现场访谈,深入解读如何贯彻"创新、协调、绿色、开放、共享"的五大发展理念,推动广西发展,以及如何汇聚各方力量,打赢脱贫攻坚战,与全国同步全面建成小康社会。节目在广西卫视和广西新闻频道播出,观众反响热烈,收到了良好的传播效果。国家新闻出版广电总局2016年第232期《收听收看日报》对此进行了专题点评,肯定了《凡事说理》系列节目"理论宣传的方式方法有一定创新,节目专业解读国家政策,大力献计广西发展,现实意义比较明显"。

每期节目都邀请国内知名专家学者,对于周播节目来说,压力很大。《凡事说理》可以在广西扩容专家库,邀请自治区党委党校、自治区党委政策研究室、自治区政府发展研究中心、广西大学、广西民族大学等机构的专家学者,共同参与到节目的制作中。对于不方便到现场录制的嘉宾,可以通过云连线、录制视频的方式参与其中。但现在《凡事说理》的嘉宾反反复复均是那几位,在体量上还不够。

专家库的扩容,单纯依靠《凡事说理》栏目组的力量还不够,可以依托广西壮族自治区党委宣传部的力量,联合多家智库单位群策群力,打造广西"马工程"专家库。

二、形成本土化的专家说理风格

在东方卫视调研时,朱濛濛说道:《这就是中国》最大的特色,就是邀请了知名的政治学者、理论专家、复旦大学中国研究院院长张维为作为节目主讲嘉宾。张维为阅历丰富,能以独特的视角、精深的理论研究和丰富的国际视野,把中国崛起的理论体系用自己独特的话语进行阐释,把政治语言、学术话语、大众话语进行无缝对接。张维为俨然成《这就是中国》最为重要的名片。

意见领袖在电视节目的传播中发挥着巨大的作用。张维为作为兼具话题与影响力的学者,在电视政论节目《这就是中国》中无疑发挥着重要的作用。在张维为的主讲过程中,可以发现节目的框架性不强,节目风格自然随和、亲近和谐。作为节目的主持人,张维为本身就发挥着一种意见领袖的作用,他向观众解读了"什么是中国"以及传递了新中国建国70周年以来我国社会各方面取得的成就,他的观点在很大程度上决定了该节目的价值走向和信息宽度,无形中传递了民族自信。

借鉴《这就是中国》的成功经验,《凡事说理》可以邀请一位知名专家常驻节目,每期都参与录制。以这位专家为核心,通过电视宣传片、短视频、微信推送、户外广告、地推活动、读者见面会等形式,全方位打造人物的立体形象,将其树立成栏目名片。

图6-4　《凡事说理》录制嘉宾,广西壮族自治区人民政府参事黄健

图6-5　《凡事说理》录制嘉宾,中共广西区委党校尹红英

第七章
《凡事说理》节目形式的改进策略

　　任何的信息传递都离不开传播媒介,任何行之有效的传播活动也都离不开传播媒介。媒介无处不在、无时不有,时刻影响着整个社会和人类发展的变革,特别是在当今全球化、信息化时代,各种传播媒介也都渗透在人们的日常生产、生活中,成为人们认识世界和获取各种信息的重要渠道,对整个社会的发展产生着巨大而深刻的影响。社会学家格林曾说过:"媒介延长了人们的精神世界,也导致了精神的整合,承载着特定的思想和意识,通过不间断的、跨越时代的传播活动——来促成社会各阶层成员的接近和融合。"①

　　传播活动离不开传播媒介,科学理论大众化过程也必然与传播媒介紧密相连。在《凡事说理》的制作过程中,节目形式要紧密贴合电视自身的传播特点,利用视听语言,突出时代特色,运用最新技术,增强节目效果。

第一节 | 利用视听语言，突出时代特色

　　近年来,全国开办的电视理论节目大致可分为六种形态:一是叙事短片+专家访谈形式,如《道·理》《时代问答》《凡事说理》等。这类节目注重释疑解惑、凝聚共识,并且时效性强,对习近平总书记的最新思想论述跟踪及

---

① 张宁.媒介社会学[M].广州:中山大学出版社,2010:35.

时。二是电视公开课形式,如《有理讲理》《中国正在说》《不负新时代》《马克思是对的》《这就是中国》等。这一类节目通过发挥社科理论大家的权威性,让名家"有理讲理",使节目理论既有深度,也有温度。三是电视理论竞赛形式,如《理响中国》《中国宣讲达人大会》等,将抽象理论学习融入互动竞答、投票、演说、故事讲述等多种表现手法,时刻保持理论节目的热度,让有意义的理论听得懂、能领会、有意思、有共鸣。四是专家访谈+互动的形式,如《中国共产党为什么能》《厉害了,我们的新时代》《新时代 学习大会》等,围绕习近平新时代中国特色社会主义思想,结合庆祝改革开放 40 周年、庆祝新中国成立 70 周年等时间节点,进行及时、有效、系统的解答阐释,在故事中学思想、悟真谛。五是理论脱口秀形式,如《马克思靠谱》《社会主义"有点潮"》等,强调理论讲述的通俗化、大众化、故事化,能够提升理论宣传的黏合度,以新颖的视角重新解构了人物和故事,让"高冷"的理论"潮"起来。六是采用"走进式"探访的纪录形式,如《好好学习》《壮丽 70 年时间都知道》《思想的田野》等,通过践行"从实践中来,到实践中去"的创作理念,将节目录制地点从演播室转移到百姓火热的生活中,带着问题探究理论,通过案例印证观点,让理论宣传接地气、有生气、有力量。

六种模式没有明显的区分和间隔,彼此间可以互相借鉴和学习。笔者认真学习和分析了上述六种模式的节目,总结出各个节目的成功经验,结合《凡事说理》的实际情况,将这种经验运用到电视科学理论节目的制作中去。

一、开门办节目,让理论深入基层

演播室是电视谈话节目的典型情景语境。从空间关系学和界域学来看,演播室是一种空间语言,它不但为节目提供场所,更是电视谈话节目的一种言说方式。以"主持人对话嘉宾"为主要形式的电视理论节目,就多采用封闭式的演播室作为节目录制的现场。以《凡事说理》为例,节目演播室的空间布局一般设置成以主持人与嘉宾在台上形成对话交流的座位格局,这样传统式演播室的现场设置以及其造成的现场观众"弱参与"式的话语言说情境,也会影响在第二现场观看节目的电视受众的参与度,削弱电视理论节目受众与节目之间的"共情"。

（一）走出演播室，把节目做在八桂大地

要加强电视理论节目的传播效果，应该转换传统演播室的设置思路，突破传统的演播室情境语境。开放式的环境设置可以扩大节目的言论空间，因此在传统棚拍的形式基础上，《凡事说理》应该大胆尝试以外景拍摄作为节目现场的录制方式。室外拍摄的环境使节目策划者在设置嘉宾、主持、现场观众的位置布局上，可以采用更加灵活的安排方式。嘉宾、主持、现场观众三者之间可以突破传统的平行式的空间布局，采用"圆环式""三角式"甚至是"移动式"的布局方式，以增强节目参与者之间的互动关系。另一方面，适合的环境选择可以促进观众对于节目理论的理解。电视理论节目的理论主题和台本内容往往包含了大量的专业术语和政治话语，这也为节目观众理解节目内容增加了难度。将传统的演播室环境转换为外景环境，可以通过选择与节目理论主题相契合的环境现场，增强理论解读的感染力和传播力。

举例来说，以国家胜利日为时间契机，策划解读抗战精神系列特别节目，可以将每一期的拍摄现场设置在广西区内各个抗战时期的重要作战地点与重大事件发生地点，用现实环境钩连出历史背景，以增强节目主题的渲染力并增加理论解读的时代内涵。比如探讨国企发展时，节目组可以走进国企单位采访国企领导、采访单位一线员工，多听鲜活思想、多元声音，用亲眼所见、亲耳所闻为理论观点做脚注和诠释，使节目更接地气，贴近民众。

我们来看一个成功的案例。浙江嘉兴南湖是中国共产党的诞生地。2005年6月，时任浙江省委书记的习近平同志首次提出了"红船精神"，并将其概括为开天辟地、敢为人先的首创精神，坚定理想、百折不挠的奋斗精神，立党为公、忠诚为民的奉献精神。十多年来，"红船精神"丰富的思想价值被不断发掘，红船从浙江起航，展示了中国共产党人伟大的建党精神。《中国共产党为什么能》第二季《红船》八期节目紧扣"红船精神"这一主题，特地邀请了中央党史研究室原副主任李忠杰、中国社会科学院马克思主义研究院党建史研究室主任戴立兴、浙江省中国特色社会主义理论体系研究中心主任胡坚等理论专家参与节目的制作。如果仅仅是将这些专家请入演播厅，做嘉宾

访谈,表现形式显然有些老套,传播效果未必好。用什么样的场景最能表达"红船精神"呢?节目制作团队经过反复比较,最后决定让嘉宾走出电视演播室,来到红船边,在嘉兴南湖红船旁的烟雨楼里完成节目的录制。面对董必武写下的对联、古色古香的历史文物、置身烟雨楼里,重温一段段建党历史,在这种特殊的场景里漫谈"红船精神",无论对于嘉宾还是听众来说,都有一种穿越时空的感觉。

2020年至今,《凡事说理》正在积极推进走出去战略,现在有一半的节目是在外场进行录制。2021年"七一"前夕,《凡事说理》为落实习近平总书记4月视察广西时的重要讲话精神,沿袭总书记视察的足迹,在桂林市全州县、广西民族博物馆等地方进行实景录制,以用好红色资源、增强马克思主义信仰等内容为主题,推出《牢记嘱托　学史增信》系列报道。

在《用好红色资源》这期节目中,演播室搬到了全州县红军长征湘江战役纪念馆,邀请中共中央党校(国家行政学院)洪向华教授、自治区党委党史研究室黄莺副研究员、广西师范大学马克思主义学院万来志博士,与主持人围

···· 图7-1　2021年5月,《凡事说理》邀请中共中央党校(国家行政学院)
　　　洪向华教授(右)赴广西全州县红军长征湘江战役纪念馆录制
　　　节目

坐在一起,在湘江战役纪念浮雕前,就如何用好广西红色资源,做到学史增信,开展了一场深入的讨论。记者们用镜头记录下了一幅幅珍贵的历史照片、一个个感人泪下的事迹、一面面烈士用鲜血染红的国旗。这次实景录制,不仅增强了节目的历史感和厚重感,也给观众上了一次生动的党史学习教育情景课。而这也将成为《凡事说理》在今后制作的大方向。

(二)固定栏目主持人,让栏目统一风格

当前的《凡事说理》没有固定的栏目主持人,由广西广播电视台新闻中心主持人根据排版安排,灵活客串,这不利于节目品质的提升。电视科学理论节目对于主持人有着极高的要求,它既有别于单纯的新闻播报节目中字正腔圆,仪表庄重的要求,又不能过于市井随意;既要观众喜闻乐见,又不能失去权威解读的政治高度。这就要求主持人在录制语境中将自己的判断力、感受力转化为语言表达的创新能力,用观众更为喜闻乐见的形式进行真诚的表达解读,硬话软说,官话民说,力求鲜活、幽默、风趣、自然。同时,通过细致入微的观察感受、明确的角色定位,运用感性的凝聚、知性的判断,进行理性思辨,并在节目中加以展现,完成与嘉宾及现场观众的互动,从而契合当下观众对主流媒体的期待,拉近与各年龄层观众的距离,增强节目的引领性,形成有效传播。

为了实现上述的要求,栏目须固定一位主持人。从选题开始,主持人全程介入,和嘉宾、编导保持密切沟通,对访谈流程、重点内容了然于胸。唯有这样,才能在录制时侃侃而谈,使嘉宾达到最好的访谈状态。

二、重视青年人,让理论照亮青春

根据中国互联网络信息中心发布的第 46 次《中国互联网络发展状况统计报告》,截至 2020 年 6 月,我国网民规模达 9.40 亿,20～29 岁网民占比19.9%,30～39 岁网民占比 20.4%,均高于其他年龄段群体。[①]

---

① 中国互联网络信息中心.中国互联网络发展状况统计报告[R].2020－9.

图 7-2 《凡事说理》节目主持人王继修（中）

图 7-3 《凡事说理》节目主持人许菲

在融媒体背景下，由于网络受众的主体为年轻人，因而理论传播为迎合年轻受众，呈现出风格年轻化的特点。年轻人是新媒体传播的主力，电视科学理论节目的意义生成更要着眼于此、依托于此，《凡事说理》的理论传播要注入更多的"年轻基因"，积极寻求更契合于当下传播语境的年轻化表达，通过鲜活的故事、多维的情境引领受众参与理论传播的过程，使节目受众在潜移默化中受到熏陶感染。

（一）加入演讲和真人秀元素

事实上，在电视科学节目中出现观点碰撞的情况并不少见，正是这些互动讨论，让节目更具真实感。《凡事说理》可以一改政论节目的一问一答、单向传播的传统模式，将时下最流行的"演讲"和"真人秀"两种形式相结合。在舞台设计上，节目改变传统的演播厅布局，观众席呈半包围形状，舞台距离观众只有几米，这一设计大大拉近了嘉宾与观众的距离，增强了节目的互动感和感染力；在节目结构方面，主持人引入话题、介绍嘉宾，嘉宾聚焦节目话题展开演讲，观众可以就节目内容和主持人、嘉宾进行探讨甚至辩论，节目形式类似于当下流行的《开讲啦》《我是演说家》等节目，符合视频节目发展的潮流。

在《红船精神》这期节目中，为了更吸引人打动人，制作团队在节目呈现上进行了尝试：让专家和观众坐在一起进行思想交流。南湖红船边的烟雨楼并不大，三位专家和几十名观众围坐在一起，面对面地交流思想，答疑解惑。同时，三位专家也做了分工，演讲时有的侧重叙述历史，有的侧重理论解读，有的着重讲故事，使节目的贴近性和互动性都得到了很好的体现，生动诠释了"红船精神"的丰富内涵以及"红船精神"在新时代的引领作用。

（二）加入时代元素，注入"年轻基因"

《理响新时代》运用"网上竞答+打卡实践+微视众筹"的融媒方式，邀请网络大咖与学术名师同台交流，将趣味性和理论性有机融合，改变了传统电视理论节目重理论性、轻娱乐性的讲述方式，在保证理论阐释质量的基础上增强电视理论节目的娱乐性，契合了理论传播风格年轻化的特点，增强观众的参与感和节目的吸引力。

《马克思是对的》在主讲嘉宾阐述《共产党宣言》的主要内容和历史地位时，通过手绘动画呈现了《共产党宣言》的核心观点，让观众一目了然。手绘动画除了用于理论阐释，还运用到故事讲述中，如讲到马克思在《莱茵报》的工作经历、马克思与不同哲学流派代表人物之间的论战时，节目借助手绘动画再现了当时的情景，让节目更加生动、形象。此外，节目还运用了"小黑板"等网络上常见的表现方式，使节目整体风格年轻化，符合年轻观众的收看习惯。

图 7-4 《马克思是对的》节目中的手绘画面

理论节目要提升引导力、影响青年一代，既要注重阐述的逻辑性，又要注重节目的生动性，以青年人喜闻乐见的讲述方式，吸引青年人的关注；力求让节目成为一堂励志课，也成为一堂能够激发人们兴趣、引发人们思考的马克思主义基本理论知识普及课。两档节目的成功经验，也给《凡事说理》带来了不少启示。

今后，《凡事说理》在制作中要更注重年轻化表达，在节目内容中加入与年轻人相关的话题，例如中小学生"双减"、大学生就业与考研等话题。在节目形式上，多引入年轻人喜欢的娱乐方式，比如说唱、动漫等。在录制节目时，多邀请年轻人到现场，增加节目的年轻面孔，强化节目的互动性、交流感。节目的参与者是青年人，目标受众是青年人，制作团队也应该是青年人。《凡事说理》的主创团队应引入年轻编导参与节目采编工作,他们与青年受众群体的思维和表达方式共通,能够让节目更容易被青年人接受和喜欢。

(三) 增加两大类元素,增强《凡事说理》的竞技性和趣味性

为了让理论学习变得生动,达到更好的传播效果,《凡事说理》可增加当下电视综艺节目的类型元素,主要有两大类,第一是游戏类,第二是体验类。

《凡事说理》加入游戏元素,主要表现在节目设计中的"PK 环节",也就是知识竞赛与闯关环节。游戏类节目一直以来受到电视观众的喜爱,荷兰文化学家约翰·赫伊津哈在其著作《游戏的人》中提出:"游戏性质的竞赛精神,作为一种社会冲动,比文化的历史还要悠久,而且渗透到一切生活领域。"人们总是会不自觉地参与进有趣的游戏活动中,在看游戏节目时也会不自觉地代入到电视的游戏互动中,产生紧张、欢乐的情绪。《凡事说理》需抓住这种心理需求,在理论节目中加入游戏竞赛的元素,现场观众不仅可以参与,也可以通过手机参与进来,提高节目的吸引力、观众的注意力。

生活体验类节目,指嘉宾在规定的各种情境中,按照节目既定的安排和规则体验生活;电视观众则随着嘉宾的体验产生代入情感,进而引发情感共鸣的一类电视节目。《凡事说理》为了达到"走进"的目的,栏目组在形式上可采用纪实的方式,用镜头跟随节目主持人、嘉宾、媒体观察员走进实践场所,体验各个单位的实际工作。《凡事说理》可设置季播节目,每一期都走进不同的基层单位,如图书馆、矿区、林场、高校、创新企业、生态保护区等,根据每一期不同的走访地点,探究相应的理论主题。这样,观众就能看到真实的理论实践情况,产生十足的新鲜感。

第二节 │ 运用最新技术,增强节目效果

进入数字化时代,多媒体技术成为电视节目制作的核心,运用最新技术不仅缩短了电视节目制作的周期,减少制作成本,还能进一步提高节目制作的质量,为观众带来更优质的观看体验。《凡事说理》在技术硬件方面也需跟

上行业进步的速度，与时俱进，在短片拍摄、舞美设计、后期包装等环节发力，向国内一线电视台制作的理论节目看齐，把节目质量提上更高的一个台阶。

一、短片摄制运用最新技术

《凡事说理》可借鉴江苏卫视《时代问答》的做法，用纪录片的规格来拍摄短片，加入时下的最新技术，让片子动起来、活起来。

（一）无人机航拍

无人机航空摄像作为一种新型、先进的图像创作技术，在我国科技水平不断提高的背景下，被广泛地应用于电视节目创作中。现在使用较多的机型有大疆御系列、悟系列和精灵系列。无人机航拍在具体的运用中，采用空中拍摄的方式，拍摄俯瞰图，能够清晰地显示出具体的地理位置，为观众提供真实、形象的运动镜头，给观众带来身临其境的感觉。无人机航拍与传统地面摄影相比，主要使用三种角度，分别是水平角度、仰角角度和俯瞰角度，新的视角使观众坐在家里就能体验透过飞机舷窗俯视景象，突破了传统拍摄现场的局限性。

（二）4K 摄像机

目前，广西卫视和广西新闻频道已实现高清播出，分辨率为 1920＊1080，这也是主流的电视播出格式。在拍摄电视节目时，常规使用的是高清摄像机。

在宣传片和纪录片的制作上，4K 摄像机已得到广泛运用。大画幅超高清4K 摄像机与普通高清摄像机相比具有更高的分辨率和宽容度，拍摄出来的画面保留了亮部和暗部的层次，光线柔和，画面更纯净，饱和度更为饱满，观看体验大大超越了原有高清范畴。《凡事说理》在短片拍摄中应使用 4K 摄像机，由于图像大，浅景深，构图类似电影画面，成像质感与现在相比会有质的飞跃。现在不少单反相机已具备拍摄 4K 影像的功能，4K 拍摄正在成为行业内的标配。

（三）运动镜头拍摄

在新闻拍摄时，画面稳定是一个重要的要求。因而在拍摄时，大多会上脚架。画面稳定也带来一个问题，那便是现场代入感较弱。想要增强现场感，需要加入更多的运动镜头拍摄。以往拍摄运动镜头，需要使用斯坦尼康，设备笨重，对摄像师要求高，对于周播节目来说，经常使用斯坦尼康不切实际。随着科技技术的进步，手持稳定器应运而生。它小巧轻便，易于携带，和单反相机相互兼容，使经常使用运动镜头成为现实。跟拍、急甩、跑跳等运用镜头，均可以通过手持稳定器来实现。而且，手持稳定器的使用，能给短片带来更强烈的呼吸感，观看时可以把现场情绪更真实、更细腻地传导给受众。

二、说理环节创新舞美包装

电视舞台美术设计是一种展现多维空间的视觉艺术。它是对戏剧舞台美术的发展和延伸，并与现代科技的发展有着直接的联系。它经历了开放式舞台到镜框式舞台和透视布景、现实主义、表现主义几个发展阶段。现代戏剧舞台美术大多是写实和具象的，它通过创造出使观众置身其中的舞台气氛，生动再现社会生活的环境，通过具象的表达呈现舞台艺术。而电视舞台美术的呈现方式是一种立体的空间艺术，同时也是视觉艺术的表达。它从传统的舞台艺术中来，运用现代科技营造舞台的美术氛围，以空间、色彩、装饰、材料以及灯光造型等多种因素营造电视舞台艺术的造型美，同时表现手段变化多样。

现在《凡事说理》大多在广西广播电视台新闻中心的演播室录制，因为与《广西新闻》通用，可改动的空间小。每期节目均使用同一场景，很容易让观众陷入视觉困倦，同质化现象严重。因此，为提升《凡事说理》的节目品相，最好是在大型演播室进行录制，设计更为丰富的舞美，也方便加入观众进行录制。

图 7 - 5　2018 年,《凡事说理》录制"改革开放 40 周年　自治区成立 60 周年"特别节目现场

(一)营造与烘托节目氛围

舞美设计的关键作用在于有效烘托情感。在《凡事说理》中运用各项舞美元素,如 LED 屏幕、灯光、景片等元素,将其与节目形式进行有机结合,可以营造出良好的电视综艺节目氛围,有效增强整体节目舞台的艺术感染力。

参照《马克思是对的》的舞美设计方案,可以看出,好的舞美从一开始便能牢牢抓住观众眼球:实体书架与外文书籍模拟出 19 世纪古旧的图书馆,环形阶梯式的观众区布置在大屏与灯光之下,又营造出一种富有浓郁时代气息的欧式课堂的氛围,让现场观众身临其境,仿佛回到马克思生活的年代。

(二)创造多样化舞台空间

在电视科学理论节目中,采用丰富的舞美方案,让各元素相互融合,可以营造出多样化的舞台空间。例如,在节目中需要演唱一首恢弘大气的红歌,

LED 屏幕可以呈现天安门、人民大会堂等内容，灯光可以红光为主、黄光为辅，景片可放置党徽或者党旗，歌唱演员化稍厚重的舞台妆，着红色亮片裙服。这些舞美元素的叠加，使《凡事说理》的节目舞台不单单是一个坐下来说理的地方，而是一个有着无限变化和延展的大空间。

第八章
《凡事说理》传播渠道的拓展策略

2016 年 2 月 19 日,习近平总书记在党的新闻舆论工作座谈会上指出:"党的新闻舆论工作是党的一项重要工作,是治国理政、定国安邦的大事。做好党的新闻舆论工作,事关旗帜和道路,事关贯彻落实党的理论和路线方针政策,事关顺利推进党和国家各项事业,事关全党全国各族人民凝聚力和向心力,事关党和国家前途命运。"[①]同时,他还提出了在新的时代条件下,党的新闻舆论工作的 48 字职责和使命,并以"党的政策主张的传播者、时代风云的记录者、社会进步的推动者、公平正义的守望者"这四者来概括新闻舆论工作者的角色定位。随着信息技术的发展,大众媒介越来越多元,但是电视媒体作为党的舆论宣传工作的主流阵地的角色定位始终不曾改变,在传播信息、娱乐大众的同时,对广大人民群众进行有效的理论宣传更是电视舆论工作的重中之重。

事实上,"微端"型产品的"遍地开花",仅仅折射出传统电视新闻在拓展传播渠道方面顺应了当前移动互联网发展趋势的表层状态,而回到传统电视媒介的特征层面看,其内容优势并没能深刻作用于新媒体端的实践。从"微端"型新闻产品既有的内容组织来看,多数仍遵循着传统电视栏目基于时段资源的前后排序思维,在内容呈现上尚未真正达成"从固化向离散"的转变。

---

① 李斌,霍小刚.习近平:坚持正确方向创新方法手段　提高新闻舆论传播力引导力[N].新华社,2016 - 2 - 19.

在某种意义上,这种创新仍是属于传统电视思维而非新媒体思维的。电视新闻融媒体转型的突破口仍在于内容,优质视频内容的生产能力仍是电视有别于其他传播主体的核心竞争力。囿于传播渠道的劣势而影响内容生产的优势,这无疑会将电视发展推入更深的泥淖之中。只有重回内容价值,才能进一步凸显出电视在新闻生产层面的优势,同时借力渠道整合,实现"以我为主、为我所用",才是未来电视转型的路径与抉择。而这也是《凡事说理》在融媒体时代必须走的转型之路。

第一节 | 坚持融媒思维,全时全域说理

从一定程度上讲,新媒体具有时间延伸性上的劣势,在深入程度上较传统媒体有欠缺。传统媒体相对于新媒体,要做到保持、引领、主导。首先,不要与新媒体比传播速度,不要猎奇、吸引实时关注,而要保持自身的立场,冷静、理智、客观,以责任感和公信力为重,保持业界权威性和话语真实度。其次,在保持自身纯洁性的同时,做好媒体融合的工作,慢慢将自身的影响力扩大至新媒体,控制和引导无序的新媒体传播环境。媒体融合发展要将公信力放在第一位,不要物理性嫁接,要化学性融合,达到一加一大于二的效果。

网络的兴起使传统媒体有了更广阔的传播平台。以网络尤其是移动网络为基础的新兴媒体,既是媒体,又是媒体的工具;既是信息,又是承载信息的载体。媒体融合是信息传输通道多元化运作下的新模式,是信息时代的一种媒介发展的新理念。信息时代媒体传播的作用和功能很关键,新媒体的时效性和广泛性优于传统媒体,同时传统媒体的权威性地位也非新兴媒体所能取代。对于科学理论大众化传播来说,传统媒体与新媒体二者实现彼此融合,可以更充分地实现以传统媒体为引领,利用新媒体覆盖范围大、传播速度快的优势,使主流思想战线更加壮大,强化科学理论大众化传播的效果。

一、坚持"大小屏联动"的融媒思路

媒体融合不再是传统媒体的网络化延伸,也不仅仅是接收终端的融合以及传输系统的统一,而是从生产到传输再到接收的系统性重构,是社会媒介化和媒介社会化的双向进程。因此,在技术、人和社会融合为一体的变化趋势中,电视媒体不能延续孤立的技术模式和封闭的行业思维,而是要用高速移动互联网来重组自身的传输体系,用虚拟现实技术重构接收端,利用人工智能技术改造生产端,以满足融合媒体和智能媒体时代用户的视频观看需求。

(一)坚持大小屏联动,内容同步推送

5G 技术催生了多屏媒体,各种各样的影像和信息都经由屏幕这一介质来"制造幻觉、呈现视野、展示空间"。[①] 多屏共生和多屏联动不断推进,且呈现星火燎原之势。多屏媒介之间是找准各自风格和定位、面向各自群体的互补关系。具体来说,电视端与手机端之间就是这样的一种关系。其一,电视端作为传统媒体平台,具有受众群体稳定、黏性强的特点;手机端则移动性更强,有利于理论传播和受众群体的扩大。基于这一特点,大小屏联动是电视科学理论节目传播的必然选择。其二,充分把握好媒介特点,利用新媒介功能推动理论传播方式的变革,直播、答题、投票等互动方式层出不穷。媒介融合带来了不同媒介载体之间的互动,节目在不同平台的跨屏播放是初期互动方式,再进一步则是将文字表述、画面表述、视频表述等进行互动表达,依托不同的媒介载体,围绕其理论的内核价值进行内容的重组与再现,得以构建更加立体的理论架构。在融媒体时代,《凡事说理》要把握时代特征,紧扣受众心理,开展多屏互动,节目内容同步推送,以增强理论传播的有效性。

(二)坚持移动端优先,扩大移动端分发渠道

社交分发就是将内容在社交平台上进行发布、传播、互动。社交媒体的

---

① 陈殿林.融媒体时代电视理论节目的理论传播特点——以安徽卫视《理响新时代》为例[J].新闻世界,2021(9).

图8-1　《凡事说理》在广西新闻频道微信公众号的
推文界面

主要功能是用户信息交流和关系维护。社交平台不仅具有基于关系网络的
社交属性,而且还具有基于信息流通载体的媒体属性。在信息超载的当今社
会,关系网络提供了更为个性化的信息源,成为信息的过滤网。以我国最具
代表性的社交媒体微信为例,用户关注的公众号和好友成为其在社交媒体上

获取信息的主要来源。

　　现在《凡事说理》在移动端最大的平台是"广西视听"。但由于"广西视听"的市场占有率较低,用户量少,单纯依靠"广西视听"来打开移动端市场,难度较大。在移动互联时代,媒体争夺的重点是新闻信息的流量和注意力。在内容分发上,《凡事说理》可以依托采编优势,在微博、微信公众号、视频号等社交媒体平台上首发节目预告,增加曝光量,激发粉丝的阅读兴趣。待节目播出,视频同步更新至"广西视听"后,可通过"广西视听"链接将视频内容分享至微博、微信等社交平台,引导粉丝点击,从而导入自有平台。

　　除了常规的推送,《凡事说理》可在"广西视听"平台上依托智能分发系统,对用户实现有效精准推送,提升点击率。智能化分发是随着大数据技术的发展而形成的一种新的精准分发模式,在收集用户行为习惯、内容偏好等数据之后,可以实现针对不同用户进行信息精准分发。这种智能化分发能智能推荐给用户想看的信息,在方便用户获取信息的同时,提高信息的有效达到率。智能分发技术可以使《凡事说理》主动将受众喜爱的视频及时地推送给受众,引起受众阅读兴趣,进而改善受众收看主动性不足,与媒体黏度较低的问题。

二、强调"短视频优先"的内容生产

　　短视频是基于网络互动的一种新的社交语言,移动短视频社交应用重新定义了视频传播的语言规则,开启了以"秒"计数的阅读时代。在《网络社会的崛起》一书中,曼纽尔·卡斯特提道:"互联网语言的独特性在于使电子文本具有即时、互动、非正式、结构散漫的'口语性'。"[①]短视频作为融合视觉与听觉、生产与分享的新的动态社交语言,为新闻报道提供了更新的表达方式和更大的表意空间。短视频表达直白、受时长限制、直接展示事件等要素,以及生活化的场景展示,能够给观众带来亲近感、真实感和临场感。在融媒体时代,短视频受到热捧,是传统媒体与新媒体融合的关键,也成为电视媒体融

---

① 曼纽尔·卡斯特.网络社会的崛起[M].夏铸九,等译.北京:社会科学文献出版社,2006:65.

合发展的新路径。

（一）亮点内容"拆条"

首先,《凡事说理》在进行二次传播时,倾向于"拆条",即将节目分割为若干片段,并且进行简短的文字总结,以此降低节目的时间成本,提升节目的传播效能。

其次,为迎合受众的审美娱乐需要,《凡事说理》在制作短视频时,应适当加入娱乐和时尚元素,让短视频更具活力,使这些满足用户娱乐心理的片段成功"出圈",以吸引年轻受众,扩大受众群体,提升理论传播效果。

最后,年轻用户占据电视理论节目受众的很大一部分,这些年轻用户更加习惯于通过手机屏幕观看节目。因此,短视频的制作也应迎合年轻人的收视习惯。

（二）量身制作"爆款"

简单"拆条",很难在高手林立的短视频战场抢占一席之地,《凡事说理》还需要依托节目基础,量身制作"爆款"。

首先,当今短视频主要的生产模式有:UGC(用户原创内容)、PGC(专业生产内容)和 AGC(智能化生产内容)。PGC(专业生产内容)指专业媒体生产出来的产品,例如电视台、报社、网站等机构的作品。视频精品制作,是电视台的强项,也是最大的优势。《凡事说理》可以每个月制作一条 1 分钟左右的短视频,采取手绘动画、主持人出镜等非常规形式,打造具有栏目特色的"爆款"。具体到内容上,素材增值和角度逆向,永远是"爆款"的基础。同一素材,在广度和深度做延伸,会得到意想不到效果。角度逆向,能迅速吸引受众眼球,使受众在一晃而过的海量视频中"戳"进来。

其次,反差行为和标题悬念,在平凡中见非凡、熟悉中见陌生、逆境中见逆袭,往往是短视频成就"爆款"的基本要素。除此之外,热点事件的科学化延伸、对抗性的互动,以及对熟悉记忆进行陌生化处理等方式,都能够让短视频火起来。

第二节 | 深入基层社区，理论惠及群众

人民对美好生活的向往，就是我们的奋斗目标。这就要求新闻媒体在工作中坚持群众视角、反映人民呼声、回应社会关切，着眼于形成最大公约数，画出最大的同心圆，把最大多数的民心民意反映上去，同时用科学理论紧密团结群众，服务人民、讴歌人民，最大限度凝聚共识，引领形成更强大的奋斗精神和力量。[①]

在当今的媒体环境下，想要办好节目，必须对观众进行精准分析。评估分析要适应全媒体发展思维，进一步完善现有的传统评估的方式，建立涵盖传统媒体和新媒体的多元受众综合评估体系，实现受众的全方位精准分析。[②]

《凡事说理》作为一档科学理论节目，和民生新闻相比，看似与群众没有直接关系，其实不然。《凡事说理》要把向群众传递党的方针政策同人民群众的呼声、要求结合起来，坚持贴近群众、贴近实际、贴近生活的原则，既报道严肃的科学理论，又走进百姓生活中去，发布与人民群众生活息息相关的温情故事，全方位满足百姓的精神需求，增强用户黏性。

一、推进实体社区的群体传播

在新时代，理论宣传工作要以习近平新时代中国特色社会主义思想为指导。《凡事说理》举办地推活动，既是对节目的推介，也是对科学理论的再宣传，一举两得。《凡事说理》的地推活动，以践行习近平新时代中国特色社会主义思想为核心要义，大力传播党的十九大精神，用正确的政治价值和政策理念，增强社会主义意识形态的吸引力和凝聚力，增强精神力量，促进对于共同的"善"的培育，促进社会共识的形成。这一模式也将成为推进科学理论大

[①] 本书编写组.习近平新闻思想讲义[M].北京：人民出版社，学习出版社，2018.
[②] 范易，杨青.新媒体环境下节目评估与用户精准分析研究——新媒体环境下节目评估与用户精准分析研究[J].中国广播电视学刊，2016(3).

众化的有效载体。

《凡事说理》应定期举办地推活动，深入农村，在大榕树下，在乡村戏台，为村民讲授国家乡村振兴的最新战略；去到工厂车间，和工人们坐在一起，畅聊"大国工匠"的光荣使命；走进社区，以知识问答、有奖竞猜的形式，在轻松愉悦气氛中传播科学理论。

地推活动要区分年龄层来进行。比如，对于老年人要以面对面的宣讲为主，因为老年人对新兴科学技术和传播媒介比较生疏，对互联网技术不够熟练，不能很好地借助各种客户端来了解资讯，所以对于他们要以面对面的宣讲为主。青少年人对新兴科技比较熟悉，就可以借助网络平台进行宣讲普及。在基地推活动过程中，不应进行单向的灌输，一味强制要求基层群众僵硬地接受宣讲内容，而是积极引导基层群众真正认同科学理论，引起基层群众内心深处的共鸣。

传统的电视科学理论节目，从议程设置到现场采访再到后期编辑制作，往往忽略了受众的参与，造成受众的"缺席"。以《凡事说理》为例，地推活动把受众作为录制的重要元素，提供多样化的渠道供受众互动，允许并鼓励受

图 8-2　2021 年 7 月，《凡事说理》在广西贵港市覃塘区录制宣讲"七一"讲话特别节目现场

众参与制作,给予受众在场感,使受众获得与传播者共同的经验,激发传者与受者的共鸣。

二、加强虚拟社区的理论引领

无论是电视传播还是互联网传播,都属于线上传播,栏目组未能和线下的观众建立起紧密的联系。现在老百姓中微信的普及率很高,通过地推活动的开展,组建《凡事说理》微信群,是把线上积累的资源,变现为线下实体流量的好机会。

微信群中的发言相较于其他社群具有显著的差别,无论是早期的 BBS 还是微博等,基本上所有的讨论都围绕这一个语义链而展开,是单链条的话语表达;而在微信群中,接近于"广场表达",每个人都可以随时表达,因此话语表达往往是离散的、弥漫的,经常是多个话语链并行不悖地在虚拟社群中存在,各说各的。用户参与的积极性较强,话语表达欲望强烈。微信兼有人际传播、群体传播和大众传播的特征,再现并重塑了我们的社会关系。微信群对于网络社群的建构,形成了社区化网络人际传播及其人际化回归,是现实的人际传播在网络空间中的拓展和延伸,同样也是社区化网络人际传播对现实人际交往的超越与回归。

微信群作为一个社交工具和社交平台,为受众提供了交流和沟通的网络平台。一方面,受众借助互联网这一便捷的传播渠道,能够在一定程度上满足自身的交往需求。按照经典的使用与满足理论,媒介使用动机可分为信息获取、娱乐消遣和社会交往。不同的媒介使用动机与特定的媒介行为实践存在着紧密关联。通过微信群获取各种信息,有助于受众了解《凡事说理》的最新动态,有助于增强其对节目的归属感。另一方面,微信群为栏目组和受众之间进行即时性的交流提供了可能性。基于对节目信息的获取需求和意见表达需求,受众更加关注微信群中的讨论,并更加积极地参与到讨论中。微信群打破了栏目组和受众之间无形的情感隔阂以及有形的地理区隔,使即时性的交流和沟通成为可能。

微信群中还存在对公共性进行消解的重要现象,呈现出全新的话语叙事逻辑,即由普遍化、同质化的"宏大叙事"的话语体系转向生活化的"微小叙事"的行动范式,存在着"公共事件的私人化"和"私人话题的公共化"的特点,公私界限模糊是微信群中的最重要的虚拟环境,也可以称为一种"拟态环境"。换而言之,将《凡事说理》节目中专家阐述的宏大观点,转换为通俗易懂、贴近生活的语言在微信群里传播。微信群的组建将促进《凡事说理》真正做到倾听百姓心声,打通科学理论传播的"最后一公里"。

《凡事说理》在每次地推活动中,可以引导观众扫码加入微信群,如以小区为建群单位,将同一个小区的观众吸纳入群。在群内,不定期公布节目信息,预告精彩内容;与粉丝互动,答疑解惑;听取粉丝的意见与建议,选择粉丝关注的内容制作节目。在融媒时代,流量是栏目的宝贵资源。用好微信流量,会筑牢《凡事说理》的群众基础,做到脚下有根、心中不慌。

此外,《凡事说理》可以大胆采用互联网直播手段,同步直播节目录制的现场,鼓励观众进行实时互动,并选择线上观众提出的一或两道题目请嘉宾作答。这样的直播互动,不仅是电视科学理论节目的新尝试,也是作为录播节目加强与受众互动的新方式。

附录

二

附录一
新时代电视理论节目的新探索
——《新时代追梦人》

"建设壮美广西、共圆复兴梦想",是习近平总书记亲自为新时代广西发展确立的总目标、总要求,承载着党中央对广西各族人民继往开来、书写新篇章的殷切期望和嘱托,是新发展阶段必须完成的历史任务。广西立足于新发展阶段,贯彻新发展理念,融入新发展格局、实现高质量发展,起步就要提速,

附图 1 《新时代追梦人》节目录制现场

开局就要争先,需要一大批猛将、闯将、干将,需要一大批敢担当、有作为的领导干部。面对新时代,自治区党委组织部与广西广播电视台积极响应,共同打造了国内首档"担当作为好干部"电视栏目《新时代追梦人》,于2019年11月17日顺利开播,展现了广西广大干部履行使命担当、积极主动作为的精神风貌。

第一节 │ 《新时代追梦人》的说理创新

《新时代追梦人》是一档有深度、有温度的访谈类电视栏目,广西一批担当实干、勇为先锋的优秀党员干部登上电视荧屏,成为引导和激励干部勇于担当和作为的生动榜样,向全社会传递着积极的正能量,让群众看到了党员干部执政为民的各种努力。电视媒体充分发挥了党和政府的喉舌功能,凝聚了人心,引导了舆论。党员干部们评价这个节目是心灵驿站,让大家在处理工作与家庭、事业与生活的关系时,看到了榜样,找到了方法;是指路明灯,好的工作经验、办法在这里得到梳理、提炼和分享;是正能量加油站,各级党员干部在干事创业、成长奋斗中的思考、感悟,成为彼此鼓励的力量之源。

一、《新时代追梦人》的创办过程

从节目筹备开始,《新时代追梦人》便坚持高政治站位,把全区有担当、有作为的好干部作为人物主体,以演播室访谈和外景纪录为主要手段,充分运用主持人采访、当事人讲述、背景短片呈现、观众互动交流等多种电视表现形式,展现党员干部的担当作为。《新时代追梦人》不仅仅是一档电视栏目,也是党员干部风采展示的大舞台,履职经验分享的好讲台,更是干部和干部、干部和群众坦诚交流的真平台。

为制作好《新时代追梦人》,广西广播电视台坚持高起点谋划,积极与自治区党员教育中心对接,听取节目制作意见,台内多次召开跨部门协调会,声、光、电、服、化、道等电视制作的必须元素均对标全台最高标准,抽调业务骨干加入到研发和制作中,反复打磨录制环节,对节目台本精益求精,尽最大努力把栏目打造成为全台的标杆性节目。

对于参与节目录制的访谈嘉宾,由自治区党委组织部提供干部备选名单,栏目组根据当期主题和节目录制需要进行确定。每期节目由广西公共频道承制,在广西卫视、广西公共频道、广西科教频道播出,每周播出一期。

二、《新时代追梦人》的节目创新

现在,《新时代追梦人》已进入第三季的制作。回望过去,有三点节目创新的经验值得推介。

(一)坚持党性原则,严把追梦人选择关

按照习近平总书记提出的好干部五个标准以及贯彻"四为理念""三将"和"十六字工作方针"的政治要求,选择人选时着重考察追梦人的政治判断力、政治领悟力和政治执行力。《新时代追梦人》精心挑选参与节目录制的访谈嘉宾,突出有担当、有作为的典型人物事迹,结合栏目组当期主题和节目录制需要确定人选,确保每期都是精品,都深入人心,触动灵魂。比如,追梦讲述人吴任光在首期节目中通过三段生动的办案经历,展现了纪检监察干部的初心和使命;在第二期节目中,转业军人余捷讲述了从城管局局长到区委书记的成长故事;扎根基层20年的乡镇党委书记蓝干宁、心怀质朴梦想的选调生苏勇力分别在第三、四期节目中讲述了打好脱贫攻坚战的破茧之路;扶绥县委书记罗彪在最近播出的一期节目里分享了三个梦想的故事,他的不忘初心、实干担当得到广大观众和网民朋友的纷纷点赞。

"榜样是看得见的哲理",激励干部担当作为,离不开榜样的力量。确立什么样的典型,就明确什么样的标准;树立什么样的榜样,就体现什么样的导向。《新时代追梦人》坚持正向激励的主基调,把握好宣传的时度效,大力弘扬勇于担当、无私奉献的崇高品格,用榜样的力量感染人、鼓舞人、带动人。2021年3月20日,《新时代追梦人》特别节目——"身边的榜样"在广西公共频道播出,"学习身边榜样"活动评选出的"十佳榜样"逐一亮相,分享榜样故

事,展现榜样风采。

附图 2　《新时代追梦人》特别节目——"身边的榜样"节目录制现场

(二)坚持思想性,给典型注入"精气神"

《新时代追梦人》分类研究、总结和提炼了人物的思想内涵,围绕主题,从不同的归类角度来展示人物风采,使典型活起来,感染力强起来,影响力大起来。

首先,选好题材,凸显人文关怀,不断思考讲给谁听、讲什么、怎么讲,不断探索用电视语言讲好故事的好方法;

其次,紧扣热点,做好党政工作的平民化解读,用最贴近百姓的方式解读政策、答疑释惑,积极发挥主流媒体的社会舆论引导作用;

最后,深入基层,践行四力,开拓视野,办好节目,导演组坚持深入基层一线,一方面,让基层群众感受榜样的力量,对创造幸福生活更有决心,更有干劲;另一方面,也让节目的制作过程成为导演们增强"四力"的重要实践活动,以此为抓手,打造出一支政治过硬、本领高强、求实创新、能打胜仗的宣传思想工作队伍。

（三）坚持艺术性，见人见事见细节

《新时代追梦人》注重供给侧改革创新，最大程度地满足需求侧的要求，用观众喜闻乐见的形式去讲故事，让节目富于艺术性。坚持用细节刻画典型个性，大量运用纪实镜头语言，让细节说话，以小见大、以微知著，避免一律是"高大上"的刻板模式。

第二节 ｜《新时代追梦人》的传播创新

《新时代追梦人》播出后，观众反响热烈，收到了良好的传播效果。南宁市民杨景文打来电话说，节目讲了一个个好故事，树立了身边的榜样，催人奋进；梧州市民黄丹霞也在电话中表示，节目形式新颖，讲述的话题紧扣社会难点、热点，嘉宾分享的故事真实感人，触动心弦。网络方面，不少网友都纷纷留言。网友"步行者"说，新时期李云龙式的好干部，人民需要您，向你们学习；网友"俊熙"说，全心全意为人民服务，多关心民生，诠释为天地立心，为生民立命，为万世开太平，使人们深受鼓舞。参与现场录制的观众告诉导演，听台上的嘉宾的分享，仿佛又找到了另一个自己，从中获取了极大的工作动力；而录制嘉宾苏勇力也告诉导演，在参与录制节目的过程中，自身的工作脉络和内容得到了更好的梳理，不但工作思路更加清晰了，也让自己对未来有了更高的工作要求。这些成绩的取得，与《新时代追梦人》在传播上的创新有着紧密关系。

一、多渠道融合发力，打造传播矩阵

根据央视索福瑞发布的电视收视数据调查排名，节目收视率在广西卫视的节目排名中居于前列；在公共频道的平均收视率达 0.3，势头强劲。节目有关内容在中国共产党新闻网、腾讯、今日头条、抖音、快手等多个平台同步推出，总阅读量达 1340 多万，形成了良好的宣传态势。节目视频被纳入广西党

员教育教材库,作为重点学习课程,提供给全区230多万党员观看学习。节目播出后,观众反响热烈,收到了良好的传播效果,多位市民来电肯定,不少网友纷纷留言点赞。通过节目的传播,基层干部很多有效的工作方法被发现、被挖掘、被提炼,形成了不少可复制、易操作的好经验。

二、举办研讨会,形成二次传播

2021年3月5日,《新时代追梦人》电视节目研讨会在南宁召开。在会议中,来自区直有关部门、媒体单位、出版机构和部分县(市、区)、乡镇(街道)的领导干部、专家学者,以及各市党员教育中心(远程办)负责人等,结合各自的领域,从不同的角度进行了热烈的讨论,提出了很有针对性和建设性的意见建议,对《新时代追梦人》节目的成效给予了充分的肯定和认可。

附图3 《新时代追梦人》电视节目研讨会现场

广西壮族自治区党委组织部部务会成员、自治区党员教育中心(远程办)主任刘晓滨指出,《新时代追梦人》是广西党员教育内容建设重点打造的品牌之一,要在节目原有成功经验的基础上再谋划、再发力,着力强化思想淬炼,提升栏目引领力,聚焦担当作为,提高品牌影响力,构建传播系统,增强内容感染力,推进节目栏目化、播出常态化、内容一体化,让党的声音传得更开、传得更广、传得更深入。要总结、运用好《新时代追梦人》的成功经验,传承好传统、坚持好做法,积极探索建立专家指导把关的长效机制,整合内容、渠道等资源,把《新时代追梦人》打造成为广西响亮的党员教育品牌,推动广西党员教育实现新的突破。

广西广播电视台副总编辑郑蓁从节目制作的角度指出,在题材选择上,希望可以进一步拓宽参与节目录制的优秀党员干部的面,让更多优秀的党员干部事迹广泛地宣传出去。本着开门办电视的理念,希望可以有更多部门参与栏目的创作和制作,共同推出好的作品。在内容创新上,将进一步深挖党员干部的履职故事,并综合电视主流媒体和新媒体的传播特点,创作拍摄一系列短视频,用多种方式和多个渠道做好优秀党员干部的宣传工作。

广西壮族自治区文联党组成员、副主席牙韩彰从以下三点,为《新时代追梦人》今后的制作指明方向:第一,党建类电视节目跟着政治走,才能走出"高大上",搞新闻宣传、搞典型报道,首先考虑的第一条标准就是政治要求,这既是由党媒这一性质所决定的,也是现实生活中政治特性无处不在的客观要求;第二,党建类电视节目跟着中心工作走,就会走进有效人群的眼里和心里;第三,党建类电视节目跟着网络时代走,就会走出"润物细无声"的宽广路子。

广西壮族自治区党委党校(广西行政学院)校务委员、二级巡视员李波从传播渠道这个大方向指出,一是充分利用全媒体展播;二是"借船出海",强势展播,建议将资源移植到学习强国等大众平台上;三是加大制作前后的展播宣传力度,激起受众对栏目内容的兴趣。

《当代广西》杂志社社长、总编辑刘波从激励干部担当作为的方面指出:要重视发挥良好环境氛围的正向引导作用,让干部接受熏陶,养成自觉,榜样的力量是无穷的。好的榜样,是最好的引导;好的楷模,是最好的说服。激励干部担当作为,离不开榜样的力量。确立什么样的典型,就明确什么样的标准;树立什么样的榜样,就体现什么样的导向。《新时代追梦人》坚持正向激励的主基调,把握好宣传时度效,讲好担当故事,充分展示了新时代追梦人的精神风范,大力弘扬勇于担当、无私奉献的崇高品格,用榜样的力量感染人、鼓舞人,带动人,这档节目对于增强广大党员干部担当实干的自觉、练就善于担当实干的真本领、形成激励担当实干的鲜明导向、建立担当实干的科学机制将起到积极作用,同时也有利于在全社会形成鼓励担当、崇尚实干、见贤思齐、争做先锋的良好氛围。

附录二

《马克思与新时代》（第四集）当代中国马克思主义：迎来新时代节目文稿

主持人：有理走天下，无理事难成。观众朋友，大家好，欢迎收看本期的《凡事说理》，马克思与新时代纪念马克思诞辰200周年特别节目，马克思主义的生命力在于发展，马克思主义中国化的过程就是马克思主义在中国得到不断发展的过程，习近平新时代中国特色社会主义思想是马克思主义中国化的最新成果，那么新时代我们应该怎样去理解马克思主义中国化的理论成果，新时代如何坚持和发展马克思主义。就这些问题我们请到了两位嘉宾，北京大学陈培永教授、广西民族大学陈媛教授，有请两位专家来给我们好好地解读一下。马克思、恩格斯创立的马克思主义形成于十九世纪的欧洲，能够在中国扎根发展，而且是枝繁叶茂，一定是跟中国有着很深的渊源。

陈媛教授：我们知道马克思主义理论关注的是无产阶级解放和全人类的解放，实际上马克思、恩格斯在他们一生中的学术活动以及革命事业里面，都是始终关注着中国的。有人统计过，在《马克思恩格斯全集》中文版的50卷本里面，就提到中国有800多个地方，在《资本论》的手稿里面直接提到中国的有90多个地方，中国也专门出版过《马克思恩格斯论中国》一书，收了18篇，马克思、恩格斯专门论述中国的文章。

陈培永教授：18篇文章基本上都是发表在美国的一份报纸上，当时英国的马克思和恩格斯写的文章发在美国的报纸上，来讲中国大地上发生的事情，我觉得确确实实说明马克思和中国是非常有缘分的，在基本上大部分中国人都不认识马克思的时候，马克思就已经开始关注中国的问题。

【VCR1】 马克思为中国发出正义之声

解说：马克思和恩格斯在毕生的革命活动中，始终关注和研究中国，在《马克思恩格斯论中国》一书中收录了他们写的关于中国问题的十多篇论文，马克思和恩格斯写作这些文章的年代，正是两次鸦片战争时期，中华民族遭受西方列强的侵略和蹂躏。马克思和恩格斯的文章愤怒地声讨了帝国主义者的侵华暴行，热情赞扬了中国人民保卫家园的英勇行动，深刻揭示了晚清社会衰败的原因，并且预言中华民族必将重新崛起，成为"亚洲新纪元的曙光"。在那个恃强凌弱的世界，在那个视中华民族为落后野蛮的年代，马克思和恩格斯在西方报纸上发出了正义之声，对于中国人民来说，是多么宝贵啊。

陈媛教授：马克思写中国写得最多的应该是 1853 到 1862、1863 年这段时间，第二次鸦片战争前后的一个时期，中国是世界殖民者都盯住的一块肥肉，每个人都想来咬一口。

陈培永教授：确确实实这块是一块肥肉，而资本主义亟需扩大这个市场，找到新的原材料，所以中国是一个非常大的市场。

陈媛教授：那这个时候英、美、法发动了第二次鸦片战争，所以当时马克思、恩格斯都很关注这个事件，而且在他的那些文章里面，分析了中国的历史、中国的社会现实，还预测了中国未来社会的一些走向。

陈培永教授：马克思、恩格斯在描述资本全球扩张的过程的时候，大体地表达了一个意思，就是在西方帝国主义列强在极其卑鄙的趋势之下，打开了中国封建帝国的大门，让中国进入现代文明的进程中，但绝对不能因为中国进入现代文明的进程中，我们就要否定这些西方帝国主义国家的卑鄙和无耻。

主持人：通过两位教授的解读，我就感觉到马克思关注中国问题，他并不是作为一个孤立的问题来看待，那么接下来我们再来追根溯源一下，马克思主义是怎么传入中国的？

陈培永教授：1917 年那个时代，中华民族应该是饱受摧残的，我们已经完全进入半殖民地、半封建社会，当时各种学说都试图寻求救国救民的道路，各种思潮风起云涌，包括自由主义、改良主义、无政府主义、工团主义等等一系列的思潮全部都开始涌现出来，但是最后我们发现任何一种理论、一种思潮都没能够改变中国的命运，这个时候俄国发生十月革命，给我们送来了马克思列宁主义，中国最先进的知识分子意识到这种学说才能够真正改变中国的面貌。

陈媛教授：对，因为在那个背景下，马克思主义传进来之后，通过结合中国的实际，解决了中国的问题。还有一点，之所以当时马克思主义理论在中国能够被这么广泛地接受，因为在当时欧洲资本主义已经发展到一定程度了，其实这些先进的中国知识分子到了外边留学之后，他也同时发现了资本主义的一些弊端，所以就是看看我们能不能不再重复地去走这一段，然后我们就是来追求社会主义的这个制度。

陈培永教授：包括当时李大钊、陈独秀、毛泽东认定，只有靠马克思主义的革命理论才能够让中国摆脱被欺凌、被压迫的这种命运，所以马克思主义在这个时候传入中国，完完全全是中国人在寻求救国救民的道路上，找到了一个科学的学说。中国选择马克思主义，是历史的选择，是人民的选择。

主持人：历史的选择、人民的选择，我们要牢牢地记住这两句话。

陈培永教授：对，所以这也能够显示出马克思主义在中国，确确实实改变了中国的国情，这真的是思想的力量。

【VCR2】 历史的选择，人民的选择

解说：中国的先进知识分子不断寻求救国真理的过程，最终选择了马克思主义。

【无解说微视频 40 秒】

解说：从遥远西方引来的火种，让中国人找到了一种新的世界观，如星火燎原般席卷中国大地，推动百年中国浩荡前行。

主持人：从新民主主义革命到新中国成立，这一路走来的革命实践再次证明了马克思主义思想的力量，是有力的一个证明，那接下来想请教两位的就是，为什么我们会提出马克思主义中国化这样一个命题呢？

陈培永教授：我觉得马克思主义中国化这个命题的提出，实际上是做到了很好地坚持马克思主义和发展马克思主义的统一，包含两层含义，一个是化中国，就是用马克思主义理论来解决中国的革命实践、中国的问题，另外一个就是化马克思主义，也就是用中国的实践、中国的革命建设改革的实践来丰富、发展马克思主义。

陈媛教授：打一个比方说，就像我们都是感冒，都是生病了要吃药，可是因为人不同，同一药都可以治一种病，但是每个人的这个药剂量、方式、服用的方法可能都会不一样，所以马克思主义是关于人类解放的普遍的真理，但是在不同的国家，到底是以什么样的方式具体什么样的制度，来实现这样的一个理论，把这个理论转变成一个实践的力量，能够改变社会的力量，那它需要跟社会的实际相结合，所以我们讲马克思主义中国化的这个过程，实际上就是马克思主义的普遍理论、一般理论跟中国的具体相结合的这样的一个过程。

陈培永教授：这也反映了我们应该怎么正确地对待马克思主义，因为很多人看到一些挫折，总是认为我们坚持马克思主义坚持错了，实际上不是这样的，在革命建设和改革实践的进程中，我们会发现如果你僵化地按照什么教条主义去理解马克思主义，包括去攻打大城市，靠城市无产阶级，然后你拿到中国来，最后发现这条路走不通，只能去走农村包围城市的道路，所以自然而然就会丰富和发展马克思主义。

主持人：如果我们把马克思主义比作是一棵大树，那在中国它结出的两个成果，最重要的成果一个是毛泽东思想，还有一个中国特色社会主义理论体系，它们彼此之间有什么联系，相互的内容又是什么呢？

陈培永教授：整体来看，毛泽东思想和中国特色社会主义理论体系，它都是回答我们中国从革命建设、改革到现在全面深化改革这么一些具体的历史实践、它提出的一些理论的体系，所以它两者之间有着密切的关联，是不能去割裂的。因为我们中国本身的改革也是对革命的继承和发展，改革是中国的第二次革命，是中国在新的时代条件下进行的伟大革命，所以这个革命的实践本身是没有断裂的，它是一个连续的过程陈媛教授：不管是毛泽东思想，还是中国特色社会主义理论体系，都是马克思主义一般的理论跟中国实际相结合的成果，这一点是他们共同的，只不过毛泽东思想和中国特色社会主义理论体系，在中国不同的发展阶段上，是结合不同的发展实际得到的成果。

陈培永教授：所以毛泽东思想和中国特色社会主义理论体系，也应该是一个坚持和发展的过程，都是马克思列宁主义在中国的运用和发展，归根结底就要解决让中国老百姓过上好日子的问题，让中华民族实现站起来到富起来，到强起来的伟大飞跃。

主持人：聆听两位教授的讲解，我也觉得很有启发，就是说马克思主义它的伟大之处在于，它可以突破时代的局限，它在不同的时代跟不同的命题融合在一起，又会产生出新的成果，那么在当下的新时代，它又产生了新的成果，那就是习近平新时代中国特色社会主义思想，那么这个新的成果有哪些精神实质和丰富的内涵？

陈媛教授：习近平新时代中国特色社会主义思想其实它主要是我们党的十八大以来改革开放实践的经验总结，它的一个主题或者它的一个核心要义就是坚持和发展中国特色社会主义，在我们党的十九大的报告里面，对习近平新时代中国特色社会主义思想的丰富内涵、本质特征都是有概括的，主要通过"八个明确"、十四条基本方略得到体现。

陈培永教授：习近平新时代中国特色社会主义思想有很大的一部分篇幅都在讲中国特色社会主义是什么，包括全面发展的社会主义，也包括中国特色社会主义最本质的特征是坚持中国共产党领导等，它其实都是抓住了这个核心问题，然后"八个明确""十四个坚持"，也是对这个核心问题的进一步的系统的阐发，所以它筑成了一个完整的体系，然后有一个核心的主题、核心的线索，在这个核心的线索基础之上，用"八个明确"和"十四个坚持"进行了丰富和发展。

主持人：那么习近平新时代中国特色社会主义思想当中有一个很重要的组成部分，就是构建人类命运共同体，这也是中国走向国际舞台，开展大国外交提出的一个价值理念，在这么一个新时代，我们怎么去把握习近平新时代中国特色社会主义思想的世界内涵？

陈培永教授：中国特色社会主义已经进入新时代，新时代有一个很重要的标志就是中国共产党带领中国人民走向了世界舞台的中心位置，在这个中心位置我们现在提出的任何一个大的理念、大的设想，都具有一定的世界意义，所以人类命运共同体的提出，标志着中国开始在世界上讲述马克思主义的故事，所以这个可能和马克思、恩格斯当年对我们中国的期望已经得到了落实，得到了实现。

陈媛教授：对，习近平新时代中国特色社会主义思想刚才我们说它有"八个明确"，其中就有一个"明确"就是明确了我们到 21 世纪中叶，建设成富强、民主、文明、和谐、美丽社会主义现代化强国这样一个总规划，是吧，其实这样一个规划，它不仅是具有中国意义的，它也是具有世界意义的，也就是说它为世界大多数发展中国家怎么样实现现代化提供了一个中国智慧和中国方案。

陈培永教授：而且也为世界走出今天的经济发展的困境、生态危机的困境、军事冲突的困境、民族矛盾冲突的困境提供了一个非常好的方案、原创性的方案，所以"人类命运共同体"这个概念是整个习近平新时代中国特色社会主义世界意义的一个很重要的体现，也是习近平新时代中国特色社会主义思想作为一个在世界层面上或者 21 世纪的马克思主义的重要的标志。

【VCR3】 真理之光 照亮未来

同期：可以告慰马克思的是，马克思主义指引中国成功走上了全面建设社会主义现代化建设强国的康庄大道，中国共产党人作为马克思主义的忠诚信奉者、坚定实践者，正在为坚持和发展马克思主义而执着努力。

解说：在纪念马克思诞辰 200 周年大会上，习近平总书记高度评价了马克思主义在人类历史上的划时代意义，深刻总结了马克思主义中国化的伟大历程和经验启示。尽管时代在变化，社会在发展，但我们依然处在马克思主义所指明的历史时代，马克思主义是我们党和人民事业这棵参天大树不断发展的根本，是中国共产党人理想信念的灵魂，是穿越历史、照亮未来的真理之光。

同期：我们要继续高扬马克思主义伟大旗帜，让马克思、恩格斯设想的人类社会美好前景不断在中国大地上生动地展现出来。

【鼓掌】

主持人：好，接下来是提问的时间，请同学们踊跃发问。

广西师范学院学生　宋宏斌：老师好，我来自广西师范学院。我们说马克思主义是我们的指导思想，然后我们要坚持的是中国的传统文化，那么马克思主义和中国的传统文化之间有什么关系？另外我想问，社会主义文化与我们的中华的传统文化它们之间有怎样的一个对接呢？

陈媛教授：社会主义文化或者准确地说科学社会主义这个文化，它应该是代表了人类一个文化发展的先进方向，而我们中国的传统文化，它是我们重要的精神营养的源头，党的十九大报告里面也提出，我们中国中华传统文化要实现两个转化，要实现这个创造性的转化、创新性的发展，才能够在今天的生活里面继续发扬光大，习近平总书记曾经讲过，就是说我们中国特色社会主义的文化，是在中华优秀传统文化的基础上的，注意是基础上，然后我们发展先进社会主义文化，所以我想这两者它是没有矛盾的，它们是可以有机衔接的。

陈培永教授：我同意陈媛院长讲的这个观点，实际上是我们今天要坚定中国特色社会主义文化自信，这个坚定文化自信其实包含三个层面的文化，包括中国优秀传统文化、革命文化和社会主义先进文化，中华优秀传统文化是社会主义先进文化的基础，从传统社会进入现代化社会的时候，它也必须经过一个文化的创新性发展、创造性转化，而它的名字或者它的表现形态可以称为社会主义先进文化，因为中国正好是通过革命从传统社会走向现代化社会的，所以传统文化、革命文化和社会主义先进文化，反映了是中国整个社会的变迁、整个社会的变更的过程，三者之间是紧密联系的。

主持人：好，还有哪位同学要发问？

广西大学学生　张威威：我的问题是现在中国也搞市场经济，搞改革开放，2018年也是我们中国改革开放40年，就是为什么我们还要坚持以马克思主义为指导，多一些解决问题的办法，少一些主义不行吗？

陈培永教授：这位同学提的问题是非常尖锐和犀利的，这个问题在我们中国近现代史当中已经出现了，实际上是割裂了问题和指导思想、问题和主义的之间的关系。

陈媛教授：讲马克思主义跟市场经济的矛盾，无非是讲社会主义能不能搞市场经济这个问题是吧，这个也曾经在我们中国有很大的争论，在世界也是一个难题可以说，有很多西方著名的经济学家就认为，社会主义永远不可能跟市场经济相融合，但是我们中国最了不起的，改革开放最了不起的成就就是成功地解决了市场经济跟社会主义结合的这个问题。

陈培永教授：比如说，今天我们所进行的国有企业改革的未来方向只能是做强做大做优，也就是国有企业有问题，我们要解决问题，但如果你没有坚持马克思主义的指向，而被另一种思想所指导的话，带来的结果就是大家说国有企业有问题，所以我们不要国有企业，那么这就是你解决问题的思路，而这种思路将给中国未来带来一个什么样的局面，大家可想而知。

陈媛教授：我们搞的市场经济不是别的什么市场经济，是社会主义的市场经济，只要我们发展的是社会主义市场经济，必定要坚持马克思主义的指导，马克思主义、社会主义是一体的。

主持人：还有哪位同学有问题？

广西民族大学学生 龙代妮：我是一个来自广西民族大学的学生党员，习近平总书记多次强调了理想信念是作为我们中国共产党的精神之钙，那这个理想信念就是对马克思主义的信仰，我们应该怎样才能够建立对马克思主义的信仰。

陈媛教授：我觉得这个问题，其实习近平总书记已经给了最好的回答，就是叫真学、真懂、真信、真用，做到这个"四真"，你要想坚定马克思主义信仰，首先要真正懂得马克思主义，有很多人说马克思主义过时了，其实他就没有真正去了解马克思主义，马克思主义它所要解决的时代课题，是我们今天依然面临的，没有解决的这个课题，所以它不会过时，而且"真学"还要结合实际去理解它，真正去领会它的思想的精华，然后你才会达到一个"信"的境界，最后你才会有很坚定的信仰。

陈培永教授：马克思主义的信仰的真正建立要建立在这个人，他首先从社会出发，在服务社会、改变社会的进程中，体验到自己人生境界的升华，他才能够真正建立马克思主义的信仰。随着中国社会的进步，越来越多的人看到，很多人通过志愿者，通过为别人服务来体现自己人生的境界的升华，我们越来越多地在社会上形成了一种观念，就是我要赠人玫瑰、手有余香，实际上这样我们就会形成一个在服务社会，在改变社会的进程中实现自己人生进一步的升华，这就是马克思主义信仰建立的过程。

陈媛教授：我记得前段时间习近平总书记还引用了的马克思中学毕业论文的一句话说，为多数人带来幸福的人是最幸福的。我们马克思主义的关于未来共产主义的这个理想，它就是为大多数人谋幸福的，所以我们也一直强调说，那这样一种为大多数人谋幸福的信仰，我想我们能够坚定去信仰它，我们就是最幸福的人。

【鼓掌】

主持人：好，谢谢各位同学的参与，那我们今天的讨论就到这里。从我们党近百年的发展中可以看到，中国共产党成立之后坚定不移做的一件事情就是坚持和发展马克思主义，就是把马克思主义基本原理与中国的具体实际结合起来，用创新和发展的马克思主义指导中国的革命、建设和改革事业。党的十九大报告提出，时代是思想之母、实践是理论之源，只要我们善于聆听时代的声音，勇于坚持真理，21世纪中国的马克思主义一定能够展现出更强大、更有说服力的真理力量。《凡事说理》马克思主义与新时代，纪念马克思诞辰200周年特别节目，到此就全部结束了，再次感谢各位专家，也谢谢同学们，感谢电视机前的观众朋友们，下期节目我们再见。

附录三

《新中国一路走来》(第一集) 为最广大人民谋利益——中国共产党"能"节目文稿

【节目预告短片】

从南湖红船到"复兴号"巨轮,中国共产党为什么"能"?

【中央党校(国家行政学院)中共党史教研部教授　沈传亮:就是因为心中怀有坚定的理想信念,理想信念坚定了,就能够把新时代的事业继续推向前进。】

为中国人民谋幸福,为中华民族谋复兴,中国共产党为什么"能"?

【广西大学马克思主义学院副院长　陆秀红:心中有人民,一心一意地为人民,始终和人民站在一起。】

敬请收看庆祝中华人民共和国成立 70 周年特别节目"新中国一路走来"第一集:《我是中国共产党党员——中国共产党"能"》。

【"新中国一路走来"】　小片头

主持人:70 年砥砺奋进,70 年春华秋实。各位好,欢迎收看《凡事说理》"新中国一路走来"庆祝中华人民共和国成立 70 周年特别节目。这首歌《没有共产党就没有新中国》,我相信在座的大家都非常熟悉,从 1921 年嘉兴南湖的那艘红船开始,中国共产党发展的航程正式开启。中国共产党成立 98 年,新中国成立 70 年来,曾经是中国几百个政治团体之一的中国共产党已经成为世界上最大的政党,它带领着中国这艘巨轮破浪前行,中华民族也从站起来、富起来到强起来,创造了让世界惊叹的中国奇迹。今天我们的话题是回望新中国走过的 70 年,中国共产党为什么能? 首先我们来介绍本期节目的两位嘉宾,他们是中央党校(国家行政学院)中共党史教研部沈传亮教授,欢迎您! 广西大学马克思主义学院副院长陆秀红教授,欢迎您! 同时也要欢迎现场来自各个高校的同学们,欢迎大家!

主持人:初心和使命是一个政党的追求还有价值实现的终极标志。中国共产党为什么要出发,我们要到哪里去,我们要做什么,中国共产党人为什么活着,为谁工作,为谁掌权,又为谁服务,都集中体现在初心和使命中。从1921 年中国共产党诞生以来,在每一次重大的历史抉择当中,在每一个关系到民族兴忘的历史关头,中国共产党总是站在最前列,接下来我们要来认识一位共产党员。

【VCR 韦拔群:快乐事业莫如革命】

解说:他是中国共产党早期与彭湃、毛泽东齐名的三大农民运动领袖、百色起义的领导者。1925 年,他在广西东兰列宁岩创办广西农民运动讲习所,在那里传播马列主义。为了解决革命活动经费,他六次变卖家产,甚至将妻子的嫁妆也卖了。他的名字叫韦拔群。

河池市东兰县韦拔群纪念馆讲解员　周翠翠:"穷人闹革命,众乡亲,雄心要坚定。今日处境恶,但相信,雾散天会晴。想起好前境,浑身劲,糠菜也甜心"。这是韦拔群在革命低潮时做的革命诗,1930 年 10 月,红七军主力奉命北上,离开右江根据地,他坚决服从军前委的命令,带领百余人留在右江根据地,发动群众重新组建部队。在极其艰苦的条件下继续游击战争。在革命遭受挫折,陷入困境之际,他为自己的孩子取名为"韦坚持""韦革命""韦到底",坚定队伍的革命意志。韦拔群一家 20 余人,包括他儿子在内的十多位亲人惨遭敌人杀害,他却坚定地说革命者要不怕难、不怕死,坚决为人民的利益牺牲自己的一切。

【后期包装:穷人闹革命,众乡亲,雄心要坚定。今日处境恶,但相信,雾散天会晴。想起好前境,浑身劲,糠菜也甜心。】

主持人:好的,谢谢我们韦拔群纪念馆的讲解员周翠翠的讲述。两位老师听到了我们党早期的农民运动领袖韦拔群的故事之后,从他的身上你们看到了什么,感受到了什么呢?

陆秀红:对于广西人来说,韦拔群是一个大家耳熟能详的名字,他的革命事迹可以说是家喻户晓,在这么艰难的环境下,他能够坚持坚定的共产主义的信仰,而且他有非常明确的历史观,相信人民是历史的创造者和推动者。

【出关键字:信仰坚定】

沈传亮:共产党一路走来近百年,尤其是在新民主主义革命时期我们牺牲了许许多多的同志,比如习近平总书记就经常提到夏明翰、方志敏等人,他们面对敌人的屠刀,面无惧色,慷慨赴死。为什么这些同志舍生忘死? 就是因为心中怀有坚定的理想信念,为了实现理想信念敢于献出自己的生命。理想信念坚定了,我们就能够意气风发,就能够看淡名利,就能够把新时代的事业继续推向前进。

主持人:两位老师都谈到了理想、信念、信仰,我们说对于一个政党而言,思想理论的建设非常重要,中国共产党在思想理论建设方面有什么不同吗?

陆秀红:我们党在自身的建设当中一个非常重要的特点,就是我们能够不断地根据时代的变化与时俱进进行理论创新,尤其可以体现在党的指导思想的变化上。我们从最初的毛泽东思想、邓小平理论、"三个代表"重要思想、科学发展观到现在我们所谈的习近平新时代中国特色社会主义思想,那么这样的一个指导思想的不断变化是根据中国的改革开放的实践而不断地改进的,这就恰恰体现了我们党在进行自身建设、进行理论创新过程当中的一种与时俱进。

【出关键字:与时俱进】

沈传亮:我们说时代是思想之母,一个时代会孕育产生具有这个时代特点的思想和理论。那么思想的产生就会转化成巨大的能量来解决时代之问。

毛泽东思想诞生以后就推动、引领了新民主主义革命的胜利,改革开放以来我们形成了中国特色社会主义理论体系,又推动和引领了我们改革开放事业的发展。注重理论创新,善于理论创造,是共产党的优良传统,我们要结合新的时代条件和新的实践要求,不断地推进我们党的理论创新,让创新的理论继续引领时代,指导实践。

主持人:两位老师都谈到了我们中国共产党的与时俱进,正是因为不忘来路,激励着中国共产党人带领中国人民在血雨腥风,战火纷飞的革命年代英勇拼搏,义无反顾,一往无前地去征战沙场。也正是因为初心不改,激励着中国共产党人带领中国人民在意气风发,激情燃烧的建设年代吃苦在前,自力更生,艰苦创业。接下来我们再来认识一群共产党员。

【VCR 天津医生:扎根边疆 奉献广西】

解说:这是一段发生在 20 世纪六七十年代激情燃烧岁月的故事。近2 000 名天津医务工作者和 8 000 多名家属响应国家号召,离开熟悉的家园,南下支援祖国的边疆,发展地方医疗卫生事业。他们迈着坚实的脚步,从大城市走到偏远山乡,他们伸出双手救死扶伤,为广西各族群众充当生命的守护者。

主持人:今天我们也请到了天津援桂医疗队的医生代表张华,还有她的女儿沈荣医生来到我们的现场,让我们掌声欢迎她们! 我特别想请问一下张华医生,您当年来到广西的时候是什么年纪?

天津援桂医疗队队员 张华:当时我们来广西是很年轻的,23 岁多,跟我爱人一起来的,我们是支边来到广西。

主持人:是什么原因让您决定你们二位一起来到这边呢?

天津援桂医疗队队员 张华:因为响应党的号召吧,到缺医少药的地方,我们来了 2 000 多医务人员,乘专列来到广西玉林地区、贵县。当时的地方是很偏僻,我们从大城市天津市来到广西。

主持人:我听说您当时刚刚来到驻地医院的时候遇到了很多难以想象的

状况。

天津援桂医疗队队员　张华：我们当时来到贵县木子公社的时候，医疗条件很差，当时的情况，门和窗都没有，就是拿普通的木棍子做的门和窗。

主持人：而且最让我感动的是您不但留了下来，而且您的女儿也接过了您的接力棒，继续从事医疗卫生行业。我特别想请问您的女儿沈医生，您对于刚刚妈妈口中提到的这些事情有没有印象？

自治区人民医院药剂师　沈荣：我记得我父亲曾经跟我提过一件事，当时因为条件也是挺恶劣的，他当时为了抢救一个农药中毒的危重病人，可能是半夜出诊的，然后被蛇追赶，所以这个事给我留下的印象是很深刻的，父亲的这个精神也是深深地感染着我，也让我坚定地选择了医疗事业。

主持人：谢谢二位，也请二位来到旁边稍事休息。光阴无情，人心有情，天津医生对于广西人民爱的奉献和彼此建立的深厚情谊将会永存于八桂大地。在这里我也很想问一下我们的两位嘉宾老师，刚才你们听到这样的故事之后有什么样的感触呢？

陆秀红：张阿姨这一代人她们放弃了优越的大城市的环境来到广西，来到边疆少数民族地区奉献她们的青春才华，这确实让人非常地钦佩。刚才的视频里有一句话，叫"这是一段激情燃烧的岁月"，确实是在燃烧激情，她们燃烧青春的激情，同时也燃烧她们对祖国，对人民的热情。也许她们做的每一件事情都是理所当然的，是非常小的力量，但是从整体而言，这一股力量就能够汇聚成一种强大的力量来支撑着我们国家和民族的发展。

主持人：我们都知道支援边疆建设这样一个大的国家政策，想要调动全国的资源把全中国的各个方面的力量最大限度地集合到一起，要能具备这样的能力绝非易事，那么中国共产党又是如何能够做到这一点的呢？

沈传亮：我们认为共产党之所以能够调动绝大多数中国人的力量，调动一切积极因素，我觉得首先和我们共产党的宗旨是密切相关的。毛泽东同志讲过，共产党的宗旨就是全心全意为人民服务，而习近平总书记也说过以人民为中心，这些理念，为了人民的理念，为了人民执着的追求，是我们能够团结、调动绝大多数人民的基础。同时,在我们长期的发展的过程中,共产党还形成了很多的优良作风,比如统一战线,在民主革命时期,我们就利用统一战线广泛地凝聚起全国的力量,打败了日本帝国主义,打跑了国民党。那么在我们后来的发展过程中,我们形成了一系列的制度安排来代表人民的利益,包括我们设立人民代表大会制度,从最大的范围内代表了人民的利益。

【出标板字幕】　以人民为中心的发展思想,不是一个抽象的、玄奥的概念,不能只停留在口头上、止步于思想环节,而要体现在经济社会发展各个环节。——2016年1月,习近平在省部级主要领导干部学习贯彻党的十八届五中全会精神专题研讨班上的讲话】

陆秀红:事实上,我在这里想进一步强调的就是党的领导力的问题,在建设社会主义的历史进程中,只有党才有力量能够去统筹各个方面的力量,统筹各种资源和关系。我想我们现在讲脱贫,如果单单靠农村的力量、单个农村的力量,是不可能达到全面的脱贫的,也不可能达到全面的农村农业的振兴。

【出字幕:党的领导力】

主持人:中国共产党为什么能? 千秋基业,以人为本,共产党人永远铭记"江山就是人民,人民就是江山",老百姓是共产党的生命源泉。美国记者斯诺曾经把中国共产党的干部根植群众,服务群众,与人民群众同甘共苦的精神喻为"东方魔力",接下来我们要为大家介绍一位耳熟能详的共产党员。

【VCR 黄文秀:不忘初心　不负韶华】

她北师大硕士毕业,放弃在大城市的工作机会,回到家乡革命老区百色;她选择到贫困村担任第一书记,把双脚扎进泥土,为群众脱贫攻坚殚精竭虑;她忍痛告别重病卧床的父亲,深夜冒雨奔向受灾群众,面对危险坚定前行,不幸遭遇突如其来的山洪,年轻的生命永远定格在扶贫路上……她就是广西百色市乐业县新化镇百坭村第一书记——黄文秀。

广西广播电视台记者　汤婧:她是一位特殊的采访对象,因为我与她素未谋面。然而,当我一步一步走进文秀的真实世界,去翻开她留下的遗物,去翻阅她留下的文字的时候,我被深深地震撼了。2011年6月,黄文秀加入中国共产党,在她的入党志愿书里有这样一句话:"一个人要活得有意义,生存得有价值,就不能光为自己而活,要为大家、为国家、为民族、为社会做出贡献。"也就是从那个时候起,文秀返乡扶贫的初心和梦想在她的心中生根发芽。有人曾问文秀,世界这么大,你为什么非要回来呀? 文秀说,百色是扶贫攻坚主战场之一,作为我的家乡,面对如此情况,怎么还有理由不回来呀? 驻村刚满一年,文秀的汽车仪表盘就增加了25 000公里,算一算,她每天要跑近80公里山路。在她的驻村日记本里她手绘了一张张地图,上面记着村里每一户人家的名字,她挨家挨户走访,她就是这样坚持她自己所选择的路。文秀的三十载青春虽然短暂,但她如流星般划过,留下了闪光的轨迹。文秀带给我们那一股充实在心中的震撼,那种平凡人肩负起不平凡使命的感动会一直都在!

【出入党志愿书信纸包装效果】　一个人要活得有意义,生存得有价值,就不能光为自己而活,要为大家、为国家、为民族、为社会做出贡献。

主持人:刚刚我们看到的是黄文秀的故事,其实无论时代怎样变化,像黄文秀这样的共产党员始终都在我们的身边。他们也许是在实验室里夜以继日埋头科研,淡泊名利的科学家;也许是在手术台前救死扶伤,睡倒在地板上的医生;也许是在危险和风暴中默默逆行的消防战士;也许是小镇里为大家带来光明行动最快的邻家暖男。那么二位老师觉得是什么样的精神能够支撑着每一个共产党员都能够肩负起自己的使命,为了身边的人和事贡献自己的力量,甚至牺牲自己的生命呢?

陆秀红:最重要的可能是为人民服务的精神,心中有人民,一心一意地想着为人民,始终和人民站在一起。那么在我们党的历史上,其实我们可以发现很多共产党员如何跟人民在一起艰苦奋斗的故事,就比如说大家非常熟悉的毛泽东,毛泽东作为党和国家的重要的领导人,他的一生非常地朴素,对自己的要求非常高,非常节俭,在三年困难时期他过了三个生日,从现在保存下来的菜谱看,在这三个生日当中他过得非常简单,没有酒,没有寿糕,而且他还主动把他的工资调低了，从一级工资 600 元/月调到三级工资 404.8 元/月，用自己的行动来体现自己跟人民站在一起的态度和立场。这个工资一直保留到他去世，都一直没有再调回去。

主持人：中国共产党人一路走来始终都高度重视永葆共产党员的先进性，中国共产党为什么能够做到这一点，回顾历史我们又是如何来做到这一点的呢？

沈传亮：我们说组织建设是党的建设的重要组成部分，关系党的事业的发展和兴衰。自创建以来，我们党就高度重视组织建设，注重选贤任能，注意广揽人才。在全面从严治党中谋划党的组织建设，把组织建设和政治建设、思想建设、纪律建设等其他的建设一体谋划，一体推进。注重抓住关键少数，让领导干部带头示范。同时，我们党的组织也实现了全覆盖，比如现在特别强调在非公组织中加强党的建设，加强党的引领作用。还有我们在加强组织建设的过程中突出问题的导向，注重解决问题，尤其是整顿那些软弱涣散的党的基层组织，来加强基层组织建设，提高基层组织的质量。

【出关键字：组织建设、政治建设、思想建设、纪律建设】

主持人：为什么说中国共产党不仅善于领导社会革命，还勇于进行自我革命，中国共产党的自我革命精神和其他政党有什么不同呢？

陆秀红：在中国共产党发展的历程当中，在几个重要的历史时期，我们都采取了不同的进行自我革命的政策。就比如说在土地战争革命时期，1929 年的古田会议的决议就对党的思想建设、组织建设、作风建设做出了非常严格而细致的规定，从而确立了思想建党的基本原则，把当时中国共产党，也就是一个以农民为主体的政党变成了新型的无产阶级政党。在抗日战争时期，我们党在进行自我建设、自我革命的历程当中也进行了非常重要的整改，比如说 1942 年开始的整风运动就是贯彻从严治党的原则，从源头上去纠正"左"倾和右倾的错误的思想根源，从而全面地推进和加强党的建设。

沈传亮：我们说自我革命是中国共产党的优良传统，从共产党一创立实际上我们就注重进行严格治党，从严管党治党，自我革命。在 1926 年我们就通过了关于《坚决清理贪污腐化分子》的规定,当时的规定很细,贪污 500 块钱就要判处死刑。当时的 500 块钱能买什么呢? 1 块钱只能买 4 斤大米,也就是说,贪污 2 000 斤大米的钱在 20 世纪 20 年代就可以判死刑了。所以,自我革命不是我们说说而已的,是贯穿于我们整个党的历史的。到了新时代我们依然在坚持,我们说既打虎拍蝇,又在海外猎狐,展开天网行动,方方面面使得我们这个党更加健康,更加成熟,更加具有坚强的领导力。

主持人:好的,谢谢两位老师的精彩解析,中国共产党为什么能? 上行而下效,上率而下行,率先垂范是共产党人前行中的澎湃动力。中国历史上只有中国共产党把"为人民服务"作为行动指南、立党的基石,也只有共产党敢于这么做,善于这么做,真的这样做。今天我们的节目现场来了不少青年的同学们,大家有什么问题想跟我们的两位嘉宾老师进行交流的吗? 这个环节我们可以积极地举手提问了。

【出字幕】 为人民服务

广西民族大学学生 孙妍琰:两位老师好,我是来自广西民族大学的一名学生,我有一个问题,我们看到有很多优秀的共产党员牺牲在了自己的工作岗位上,那您认为我们现在还需要提倡或者强调这种牺牲精神吗? 谢谢。

陆秀红:我来回答一下这个问题。这个问题我想也许是很多青年学生心里在悄悄想的问题,也在不断地拷问自己的内心:我们还要不要牺牲? 我想在必要的时候,为了社会的价值,为了社会的目标,牺牲自己的一些个人价值是必要的,也是值得的。而且我们在个人的存在与发展的过程当中,我们也可以不必那么悲观地去理解,一定要用"牺牲"这个词来换取社会价值,事实上我们追求的是个人价值与社会价值的和谐统一,而且尤其对于我们的年轻的同学来说,我想我们可以把个人的理想、个人的追求定位得更高一些,走出自我,走出小我,走向社会,实现更大的社会价值。

主持人:还有哪位同学有问题的? 戴着眼镜的这位穿着黑色上衣的女同学。

广西大学学生 李督:二位老师好,我是来自广西大学的一名研究生,我的问题是我们说中国要实现伟大梦想必须进行伟大斗争，建设伟大工程，推进伟大事业，我们只是一名普通的共产党员，我们又能做些什么呢？

沈传亮：我觉得就是八个字，叫"心怀梦想，做好当下"。这个梦想既是国家的，也是个人的，更是具体的。如果我们每一个人在各自的岗位上坚守岗位，在平凡的岗位上作出不平凡的业绩出来，我觉得就是为我们的民族复兴贡献了自己的一份力量。比如我们如果是大学生的话，那就应该以优异的学习成绩来体现我们对梦想的支持。

主持人：70年前毛泽东主席和周恩来总理把中国共产党进入当时的北平比作"进京赶考"的故事，言犹在耳。70年来，我们党在"赶考"的路上始终牢记着政治初心和执政的使命，带领全国人民创造了一个又一个中国奇迹。办好中国的事情关键在党，中华民族面貌的巨大改变、中国人民面貌的巨大变化、中国社会面貌的巨大变化，都充分说明只有共产党才能够救中国，只有共产党才能够发展中国。今天在前进的道路上我们党也必将以超凡的智慧和能力领导全国各族人民实现民族复兴的中国梦。非常感谢今天六位嘉宾来到我们的演播室做客，同时也要感谢现场以及电视机前的观众朋友们，咱们下期节目再见。

附录四
《网络反腐利弊谈》节目文稿

【开篇短片】

近年来，随着互联网的普及，网民数量的迅速增加，在反腐领域开辟了一个新战场——网络反腐。而一些例子也表明，网络反腐似乎"弹无虚发"。一批贪腐官员经网络曝光后中枪落马，有网友戏称，是"小鼠标扳倒了大贪官"。

从根本上说，网络反腐是民间监督，是群众运动式反腐，最多形成舆论或道义压力，尚不足以预防和根治贪腐。如何正确看待和引导网络反腐，使其发挥最大效用，进一步健全网络举报和受理机制、网络信息收集和处置机制，最终让制度引领网络反腐逐步走向规范。本期《凡事说理》节目邀请自治区党校陆义敏博士、媒体人胖哥做客演播室，与您一道聊聊有关网络反腐的话题。

【演播室】

主持人：有理走天下，无理事难成。观众朋友，大家好！欢迎收看本期的《凡事说理》。今天我们要来和大家聊聊有关反腐的话题。近年来，网络反腐似乎成为了反腐领域的一个重要手段，下面我们就来通过一个短片来了解一下网络反腐的力量。

【VTR1：网络反腐有威力】

解说：今年 11 月 20 日，网上曝出重庆市北碚区区委书记雷政富的不雅视频。随后,雷政富成为网上热点,微博转发、网友评论、媒体报道……网上对雷声讨的帖子数以万计,仅新浪微博开展的"雷政富被免职"的微话题讨论,一周之内的参与的帖子达到了 88 万余条。最终,重庆市委免去雷政富职务,并对其立案调查。从视频发出到免职调查,仅用了 63 小时,证实了网络反腐的力量。

解说:雷政富快速被查处,仅是网络反腐胜利的一个缩影。随着互联网的迅速普及和民众监督意识的日益增强,网络反腐蔚为大观。从"天价烟"周久耕到"表哥"杨达才,从"房叔"蔡彬到山东农业厅单增德、"荒唐区委书记"董锋、"你们算个屁局长"林嘉祥、"最假女领导"王亚丽等,一些问题官员在网络反腐的声势中倒下,有的被依法追究刑事责任。

【演播室】

主持人:我们从短片当中也看到了,除了雷政富,还有"表哥""表叔",他们都是因为网络曝光而被纪检监察部门调查的公职人员。

媒体人　胖哥:说起网络,我认为最近有几个趋势越来越明显。"表哥"杨达才三个月落马,到最近的雷政富三天落马,我就发现网络反腐的速度是越来越快了。

主持人:而且这个力度也是很惊人的。

区党校　陆义敏:网络反腐是我们互联网时代新的一种产物,也是民众参与反腐的一种新的渠道和方式,另外呢,网络反腐确实打击比较精准。

主持人:稳、准、狠。

区党校　陆义敏:对,我们的纪检监察部门确实反应很迅速,确实很重视民间反腐的力量。

媒体人　胖哥:我们的政府他们也在与时俱进,他们的监督力量也是在与时俱进,也是在越来越贴近我们老百姓的生活,杨达才被查,换了一般的人去查他,你还真不知道他这个表值多少钱。

媒体人　胖哥:还是我们说的高手在民间啊!

主持人:按照以前我们这种好像"写信"。

媒体人　胖哥:对啊,以前还有个顺口溜叫,"贴上三分邮,告他人咬狗"。

以前都是写信啊,各方面我觉得手段很落后,最近我记得有一个也是微博举报贪官的事情,结果短短的一个晚上,转帖达到了几十万,几十万人在关注这个事情,那就不是一个小事儿。

区党校　陆义敏:这就是网络反腐它的力量所在,凝聚一种民众的力量来进行反腐。

主持人:而且对于举报人来说,按照之前,举报的人还没被抓着,可能你已经遭到了报复。

媒体人　胖哥:我们现在网络反腐,所谓的一些叫做微博大咖,他们现在动不动就是实名举报的呀,甚至还把自己的手机号码、家庭住址全写上,贴在网上。

区党校　陆义敏:在现有的举报人保护机制可能有,但是不是那么完善的情况之下,我们通过公开,网络上公开,反而在社会上形成一种对举报人的保护机制。

媒体人　胖哥:举报雷政富的这位记者他就是这样,我记得当时他把这个事情曝出来之后,结果在两天之内重庆纪委就开始联系他了,结果我看很多粉丝和他的朋友就跟他说,说你别去呀,但是呢他很慷慨地就去了,结果到了重庆之后,纪委跟他进行了很好的沟通,结果呢这个事情被坐实了之后,雷政富他也就下马了。

区党校　陆义敏:网络反腐是一个引子,它引出了我们政府对民众的一种关切,也是一种取信于民的一种方式。

主持人:我们看到有一些相关人员因为网络举报而受到查处这样的例子现在是越来越多了,然而也有一些不实的举报。

【VTR2:网络反腐有困惑】

解说:网络举报是一把双刃剑。"误伤事件"时有发生。网上热传说,湖北孝义某局领导有资产数十亿、豪车十几辆、豪宅别墅十几套,并将部分车辆照片和车牌号一一列举出来。该帖发布后,引起网民热议。孝义市有关部门认真调查后证实,被举报者并不拥有网帖中列举车辆,也没有网上所说巨额财产,网帖是个人泄私愤而为。

解说:一起纷纷扰扰的网曝事件,最终归于沉寂,但当事人却被网络误伤了。无独有偶,被称为"房婶"的广州城建退休干部李芸卿被网友爆料,说其坐拥 24 套房产,刷新"房叔"蔡彬 22 套房的记录。经过广州市纪委调查,李芸卿拥有的房产属合法收入。一些网友本以为又捞到一条腐败大鱼,谁知却伤及无辜。

解说:有专家指出,网友发帖、发微博,时有存在情绪化、非理性和侵犯公民隐私权等问题,特别是在公民整体法治意识不强的情况下,发帖可能带有不良动机或个人情绪,有时会出现以讹传讹、网络暴力等,很大程度上干扰了正常反腐工作的开展。

【百姓心声】

网络反腐具有方便快捷、低成本、低风险的技术优势,比较容易形成舆论热点,成为行政监督和司法监督的有力补充。

网络反腐中的"误伤事件"提醒我们,网络反腐应朝着规范化、专业化的方向发展,不能随意践踏普通公民的隐私权,否则将会使整个社会陷入不安。

【演播室】

主持人:看了这个李芸卿的短片,觉得她确实是挺冤的啊!

媒体人　胖哥:我们这位市民通过自己的努力挣了 24 套房产,她用起来心安理得呀,你说那 22 套房产那家伙,他半夜睡得着吗?

区党校　陆义敏:22 套房睡不着,但 24 套房是合法的财产。

媒体人　胖哥:也未必能睡得着了。

区党校　陆义敏:如果曝光了之后也不好睡着了。

媒体人　胖哥:是啊,起码她的隐私权被暴露出来了。

区党校　陆义敏:网络反腐确实处于一种无序的状态,甚至有时会误伤一些无辜的人,会把他一些隐私公之于众,这样会极大的扰乱他的整个生活。

媒体人　胖哥:这位"房婶"啊估计也睡不踏实了!

主持人:如果我要是她,你看我会担心有一些不法分子万一盯上了呢,本来不知道她的状况嘛!

媒体人　胖哥:不怕贼偷就怕贼惦记!

主持人:对呀!

媒体人　胖哥:所以这个网络反腐好是好,但是你要是乱了,那就真乱了。

区党校　陆义敏:如果你把网络反腐作为一种手段,好像是揭发了个人隐私。

媒体人　胖哥:宣泄不良情绪的一个场所。

区党校　陆义敏:宣泄个人私愤的一种场所,可能就会造成极大的一些负面效应。从这个意义上来说,网络反腐怎么实现从无序到有序的一个回归,这是其一。另外一个,网络反腐为什么这么火,其实还点出了一点,我们国家目前让民意能够正常表达的这个渠道确实还是不够足。

媒体人　胖哥:上次有一件事情,就是双方在 QQ 空间里面互相攻击,结果这个案子到最后没法判,为什么,因为这个人是不是他本人。

区党校　陆义敏:网络反腐确实不能代替法律的裁判,就是说网络反腐应当只是一个为我们提供了信息的一种渠道、一种窗口,然后以这个为起点,导入我们正常的法律程序当中去,去甄别这个问题是不是一个腐败性的问题,其实应当存在这样一种制度性的安排。

媒体人　胖哥:最近闹哄哄的网络上眼瞅着很热闹,一会儿这又不对了,一会儿那又下马了,但这些热闹背后是不是真的是我们想的那样,真正地把这些贪官拉下马了,其中是不是还有些无辜的。

主持人:当然这需要我们网民的自觉,当然更需要政府一个职能部门来监管。

区党校　陆义敏:从政府这个角度来说的话,我们应当依托现有的互联网的技术,给大家提供一种平台,形成有序可控的这样一种通过网络诉求的一种机制。

媒体人　胖哥:对于这样一个良好的反腐的势头,或者是态势,我觉得我们应该去保护它,这个保护它的责任不单单是政府的,也是我们这些网民自己的,也有责任去保护它,让我们守住这一方净土。

区党校　陆义敏:一方面政府需要制度的构建,另外一方面需要我们网民素质的提高,一定要把它负面效应压下去,正能量把它激活出来。

【VTR3：网络反腐应纳入法治化、制度化轨道】

解说：网络反腐尽管有缺陷，但它是民间监督的手段，是反腐的重要补充，只要通过完善机制，加强制度建设等，它就能发挥更大威力。

解说：有专家指出，在讨论网络反腐利弊的同时，不能忽略制度建设的重要性。如果正常的投诉渠道畅通有效，网络举报何以如此盛行？反观网络反腐中存在的负面效应，更提醒了有关部门加强反腐倡廉制度建设，必要而紧迫。

解说：在"人人都有麦克风"的时代，网络的开放性使其形成一个人人可以参与的扁平化的舆论场，对权力运行可以进行无处不在、无所不包的关注，促进官员谨慎用权，约束言行。同时，网络为官员和民众搭起直接互动的交流平台，创造平等及时的对话机会，可以让领导干部更便捷地倾听民声，把脉民意，及时改错纠偏，提高执政能力，从而降低了腐败发生的可能性。

解说：近年来，被曝光的腐败案件，都引起了纪检部门的及时介入、严厉查处。这种官方与民间反腐力量的无缝对接和有效推进，让人们看到了新时期反腐败的决心和力度。党的十八大把反腐败提到前所未有的高度。针对当前严峻的腐败形势，更需要通过顶层设计，将网络反腐纳入法治化、制度化轨道。唯此，社会监督的正能量才能得到进一步释放。

【演播室】

主持人：虽然说现在网络反腐的力量越来越大，但是它是不是不能够完全成为我们国家未来的反腐监督的一种主要方式？

区党校　陆义敏：网络反腐可以作为一种新的方式。

媒体人　胖哥：重要的力量。

区党校　陆义敏：重要力量或者新的途径、新的模式，但真正要解决腐败的问题，需要一些制度性的稳定的一些东西去解决它。

主持人：我们也看到党的十八大以后，出现了一些反腐的新气象。

区党校　陆义敏：党的十八大之后已经把反腐败工作上升到影响执政党和国家命运的高度，就是说不反腐败，或者任由腐败滋生蔓延，确实会出现我们亡党亡国这样一种后果。

媒体人 胖哥：在我们老百姓的眼里，我们是希望反腐工作一直走下去，能不能紧紧抓住这根弦，始终不放松。

区党校 陆义敏：反腐是一个长期的工作，需要持之以恒，这个就需要新一届的党和政府一定要有坚强的决心，这是反腐工作成败的第一个要点。其二的话，用制度来反腐，要构建起行之有效的反腐的机制体制，第三点，一定要把老百姓给发动起来，让大家迸发出我们全民族的一种热情，一块去参与，把腐败样一种病毒、这样一个癌细胞，从社会的肌体上根除出去。

主持人：俗话说握紧的拳头力量大，其实反腐败也是一样的，只有综合施治，多措并举，整体推进，才能够给腐败行为以沉重的打击。解决群众反映突出的腐败问题，是一场持久战，不可能毕其功于一役，必须认真总结这些年来的实践，把一些成熟的经验、做法上升为制度，并且还要防止同类问题反复地发生，才能够切除腐败这颗毒瘤。好，感谢收看这期节目，同时也感谢二位嘉宾来到我们演播室，谢谢。

【编后语：网络反腐利弊谈】

中国特色反腐倡廉道路，是我们党深入开展党风廉政建设和反腐败斗争伟大实践的必然产物，是改革开放30多年来党风廉政建设和反腐败斗争经验的科学总结，是中国特色社会主义道路的重要组成部分。在中国共产党的领导下，走符合中国国情的具有中国特色的反腐倡廉道路，是历史和实践已经雄辩地证明了的真理，是反腐败斗争取得最终胜利的根本途径。

索 引

参考文献

［1］卜宇.电视理论传播功能的缺失与再造——以《马克思是对的》为例探析理论节目的创作与发展[J].中国电视,2018(9):65-68.

［2］卜宇.理论电视化传播的创新策略[J].传媒观察,2016(8):5-7.

［3］管洪.习近平新闻思想与中国媒体融合发展新格局[J].中国记者,2018(7):37-42.

［4］胡占凡.进一步加强和改进电视理论宣传工作[J].视听纵横,2004(1):4-8.

［5］姜卫玲,陈长松.融合媒介的空间特性及其社会影响[J].新闻战线,2011(11):66-68.

［6］李良荣,周宽玮.媒体融合——老套路和新探索[J].新闻记者,2014(8):16-20.

［7］林牧茵.当前电视理论节目的创新与发展——以《道·理》节目为例[J].新闻大学,2016(4):142-147+155.

［8］鹿松林,姚龙翔.浅谈理论节目的电视表现——开办电视理论栏目的几点体会[J].中国广播电视学刊,1996(6):22-25.

［9］田中初.对电视如何加强理论宣传的探索[J].新闻大学,1998(2):69-72.

［10］徐迪.新媒体传播下电视节目的弊端分析及应对策略[J].当代电视,2015(9):72-73.

［11］王雨萌.对电视理论节目的两点看法[J].中国广播电视学刊,1998(2):27-29.

［12］翁小芹.电视理论节目如何优化传播效果[J].青年记者,2007(12):108-109.

［13］许婷.电视理论节目主持人的"三到位"[J].中国广播电视学刊,2018(8):57-58+132.

［14］肖潇,阎菲.《社会主义"有点潮"》:电视理论节目的创新[J].当代电视,2019(1):33-35.

［15］陆绍阳,杨欣茹.电视理论节目的模式创新——以《好好学习》为例[J].中国广播电视学刊,2019(8):120-122.

［16］吴远,吴日明.灌输理论与当代中国马克思主义大众化[J].马克思主义研究,2010(9):118-125.

［17］张月群.推动当代中国马克思主义大众化[J].毛泽东思想研究,2009(3):126-129.

［18］郑保卫.论中外不同文化语境下的媒体责任观[J].西南民族大学学报(人文社会科学版),2010(1):107-111.

［19］杨霜.试论"互媒体性"[J].新闻与传播研究,2010(4):11-17+108.

［20］陈力丹.习近平的宣传观和新闻观[J].新闻记者,2014(10):3-9.

［21］荆学民,施惠玲.政治与传播的视界融合:政治传播研究五个基本理论问题辨析[J].现代传播,2009(4):18-22.

[22] 余海龙.大众媒体中的人际传播思考——电视谈话类节目的传播学解析[J].苏州大学学报(哲学社会科学版),2010(1):68-71.

[23] 张晓峰.政治传播研究方法对马克思主义大众化研究的借鉴意义[J].现代传播,2010(12):8-12.

[24] 冯宋彻.马克思主义大众化传播的学者路径[J].现代传播,2012(6):20-26.

[25] 陈向明.质的研究方法与社会科学研究[M].北京:教育科学出版社,2006.

[26] 郭庆光.传播学教程[M].北京:中国人民大学出版社,2011.

[27] 拉斯韦尔.世界大战中的宣传技巧[M].张洁,田青,译.北京:中国人民大学出版社,2003.

[28] 麦奎尔,[瑞典]斯文·温德尔.大众传播模式论[M].祝建华,译.上海:上海译文出版社,1987.

[29] 麦克卢汉.理解媒介:论人的延伸[M].何道宽,译.北京:商务印书馆,2000.

[30] 梅罗维茨.消失的地域:电子媒介对社会行为的影响[M].肖志军,译.北京:清华大学出版社,2002.

[31] 邵培仁.传播学第三版.[M].北京:高等教育出版社,2015.

[32] 时蓉华.社会心理学[M].上海:上海人民出版社,1986.

[33] 伊斯特曼.电子媒介节目设计与运营——战略与实践[M].谢新洲,译.北京:北京大学出版社,2005.

[34] 施拉姆.传播学概论[M].何道宽,译.北京:中国人民大学出版社,2010.

[35] 李普曼.公众舆论[M].阎克文,译.上海:上海人民出版社,2011.

[36] 陈力丹.马克思主义新闻观体系[M].北京:中国人民大学出版社,2006.

[37] 吴飞.马克思新闻传播思想经典读本导读[M].杭州:浙江大学出版社,2005.

[38] 麦库姆斯.议程设置:大众媒介与舆论[M].郭镇之,徐培喜,译.北京:北京大学出版社,2008.

[39] 侯波.马克思主义大众化思想与规律性研究[M].北京:中国社会科学出版社,2011.

[40] 双传学.走进大众思想的深处——当代中国马克思主义大众化研究[M].南京:江苏人民出版社,2014.

[41] 郑保卫.马克思恩格斯报刊活动与新闻想(上)[M].北京:高等教育出版社,2003.

[42] 李春会.传播视域下的马克思主义大众化[M].北京:人民出版社,2013.

[43] 张国良.现代大众传播学[M].成都:四川人民出版社,1998.

[44] 彭增军.媒介内容分析法[M].北京:中国人民大学出版社,2012.

[45] 何纯.意义的建构与扩散——新闻叙事学视域下舆论引导研究[M].北京:中国社会科学出版社,2017.